POLYGLOTT on tour

Ingrid Retterath

Bonn

Siebengebirge · Ahrtal

W0314243

Top 12

besonderer Tipp

Warnung

Info

Hinweis

Restaurant

Unterkunft

Nightlife

Shopping

Literatur

Allgemeines

8 Wege durch Bonn

Weg 7

Freizeitpark Rheinaue

Seite 74

Blumenpracht, kunstvolle Wasserspiele, fernöstliche Philosophie und sinnenstarkes Erleben – ein Ausflug in den Freizeitpark Rheinaue lässt einen die Zeit vergessen.

Weg 8

Bad Godesberg

Seite 77

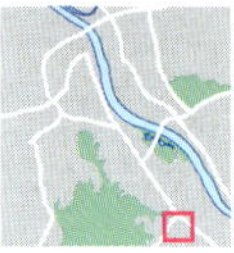

Über den Dächern von herschaftlichen Villen und Stadthäusern erhebt sich der Gipfel der Rheinromantik: die Godesburg.

Touren

Tour 1

Das Siebengebirge

Seite 82

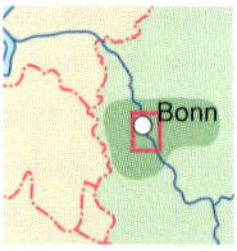

Nicht die Höhe adelt das Siebengebirge – vielmehr lohnen die sanfte Landschaft entlang des Rheins, verwunschene Ruinen und romantische Schlösser den Besuch.

Tour 2

Im Ahrtal entspannen

Seite 88

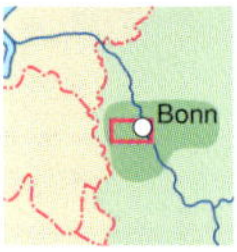

Für Weinliebhaber und Feinschmecker ist der Abstecher ins Ahrtal Pflicht! Auch Wander- und Wellnessfreunde kommen auf ihre Kosten.

Tour 3

Durch das Vorgebirge nach Brühl

Seite 93

Schlösserpracht im Norden Bonns: Schloss Augustusburg, das ein bisschen Flair von Versailles an den Rhein zaubert, und das Jagdschloss Falkenlust.

Tour 4

Im Siegtal

Seite 98

Abwechslungsreiche Flusslandschaft, imposante Burgen und eine architektonisch außergewöhnliche Kirche erwarten die Besucher im malerischen Siegtal.

Bitburger
Pizzeria
Bella Italia
Café - Bar

Wie auf einer Perlenschnur aufgereiht liegen sie da: die hochkarätigen Bonner Museen unweit der B9. Beginnt man am Hofgarten mit der Zählung, kommt man inklusive der Museumsmeile auf zehn beeindruckende Ausstellungshallen, die sich der Kunst, Geschichte, Technik und Wissenschaft widmen. Und das ist längst noch nicht alles: Denn Bonn besitzt ja noch das Beethovenhaus, das August-Macke-Haus, das Rheinische Landesmuseum und so ungewöhnliche Ausstellungen wie das Arithmeum.

Meilenweit Museen

Beim **Museumsmeilenfest** Mitte Mai wird das Angebot für mehrere Tage um Mitmachaktionen, Spezialführungen und Kinderprogramme ergänzt. Nächstes Museumsmeilenfest: 17.–20. Juni 2007.

Auf der Museumsmeile

Eng beieinander und eines interessanter als das andere! Wofür man sich auf der Museumsmeile auch entscheidet, falsch ist es nie! Die ***Bundeskunsthalle** (s. S. 58) mit ihren drei markanten Lichttürmen präsentiert spannende Wechselausstellungen, das allein architektonisch sehenswerte ***Kunstmuseum Bonn** (s. S. 58) bietet Kunst des 20. Jhs., darunter bedeutende Werke von August Macke, und das ***Museum Alexander Koenig** (s. S. 60) ist eines der bedeutendsten Naturkundemuseen Deutschlands. Ein ganz besonderes Highlight jedoch ist das *****Haus der Geschichte** (s. S. 59). Hier wird anhand von Original-Objekten die bundesdeutsche Geschichte von der Nachkriegszeit bis heute wieder lebendig. Ob ein echter »Rosinenbomber«, Teile des alten Plenarsaals, ein Kino aus den 1950er-Jahren, Nierentische, die erste Mondlandung oder Honeckers Haftbefehl – authentischer geht es kaum.

*Deutsches Museum Bonn

»Im Gespräch mit Wissenschaft und Technik« – so das Motto des etwas abseits gelegenen Museums, das jedoch noch zur Museumsmeile gehört. Rund 100 technische Meisterleistungen werden hier präsentiert. Schwerpunkt sind die bahnbrechenden Entdeckungen von Nobelpreisträgern, die Highlights in Forschung und Technik seit 1945. Könnten Sie z. B. erklären, wie ein Airbag oder ein Nierensteinzertrümmerer funktioniert? Vom Computer-Chip über die Hirnforschung bis zum Transrapid reicht das Spektrum der Ausstellung, die nicht nur Technik-Fans begeistert. Das Museum ist eine Dependance des Deutschen Museums in München.

Deutsches Museum Bonn, Ahrstraße 45, Tel. 30 22 55, www.deutsches-museum-bonn.de, Di–So 10–18 Uhr.

Arithmeum

Es ist eines der ungewöhnlichsten Museen Deutschlands: das Arithmeum im Forschungsinstitut für Diskrete Mathematik. Es widmet sich der Geschichte des Rechnens und der Zahlen. Am besten beginnt man im Dachgeschoss bei der Frühzeit des Rechnens, schaut sich in den beiden folgenden Etagen die ersten mechanischen Additionsmaschinen aus dem 17. und 18. Jh. an und kommt dann im Erdgeschoss zu den letzten beiden Jahrhunderten. Gezeigt werden historische Rechenbücher und Rechenbretter, mechanische Rechenmaschinen, erste Computer und viele andere Maschinen, von denen etliche auch ausprobiert werden dürfen. Besonders der Bereich der diskreten Mathematik, in dem es um die Verschlüsselung von Botschaften geht, zieht die Besucher in seinen Bann. Hier ist sogar die legendäre deutsche Chiffriermaschine Enigma ausgestellt.

Arithmeum, Lennéstr. 2, Tel. 73 87 90, www.arithmeum.uni-bonn.de, Di–So 11–18 Uhr.

Das Schumannhaus

Robert Schumann verbrachte die letzten Jahre seines Lebens in Bonn-Endenich in der Heilanstalt des Psychiaters Dr. Richarz. In dem gepflegten klassizistischen Gebäude aus dem Jahr 1790 unterhält die Stadt Bonn ihre Musikbibliothek und zwei Gedenkzimmer. Dort sind Dokumente, Briefe und Bilder von Clara und Robert Schumann im Original anzuschauen, bei den Hauskonzerten werden die Klavierstücke und das Kammermusikwerk Schumanns virtuos präsentiert.

Schumannhaus, Sebastianstr. 182, Tel. 77 36 56, www.schumannhaus-bonn.de, Mo, Mi, Do, Fr 11–13.30 und 15–18 Uhr.

Open-Air-Konzerte

Den ganzen Sommer über wird in, auf und zwischen den Museen Kultur geboten. Auf dem **Museumsplatz** zwischen Bundeskunsthalle und Kunstmuseum hat sich eine Freilichtbühne für Konzerte und Events etabliert. Von Mai bis Sept. regelmäßig Rock, Pop, Blues, Jazz, Chanson und Weltmusik.

Wasserpracht in R(h)einkultur

Es ist zweifellos die herrliche Rheinlage, die der Stadt Bonn ihr besonderes Flair verleiht. Schon Königin Victoria von England reiste zu ihrem Staatsbesuch 1845 mit dem Schiff an und genoss bei ihrer Weiterfahrt nach Koblenz das Feuerwerk am Rheinufer. Doch in Bonn weiß man Wasser auf vielfältige Art zu genießen:

Bei den tgl. **Panoramafahrten zwischen Bonn und Linz** kann man an folgenden Stationen auch aussteigen, die Sehenswürdigkeiten besuchen und anschließend mit dem nächsten Schiff weiterfahren: Bonn-City, Bonn-Bundeshaus, Bad Godesberg, Königswinter, Bad Honnef, Rolandseck, Unkel, Remagen, Linz.

1 Rheinschifffahrt

Bonn und das Rheintal erlebt man bei einer Schiffstour auf besonders schöne Weise. Rheinabwärts bedienen die Linienschiffe die Städte Köln und Düsseldorf, den Rhein hinauf gelangt man ins romantische Mittelrheintal bis zur Mosel und zum Main. Besonders schön sind die zahlreichen Sonderfahrten mit Tanz, Kabarett, Feuerwerk oder kulinarischen Spezialitäten. Ein Exot unter den leuchtend weißen Schiffen ist Moby Dick – der blaue Wal.

Rhein in Flammen

Am ersten Samstag im Mai genießt man Rheinromantik pur bei einer abendlichen Schifffahrt von Linz nach Bonn. 26 Stromkilometer sind mit Bengalischem Feuer am Rheinufer beleuchtet, die romantischen Burgen sind illuminiert, insgesamt sechs Höhenfeuerwerke versetzen in Staunen. (www.rhein-in-flammen-bonn.de).

Quellgesund genießen

Die beiden Bad Godesberger Mineralwässer werden im Trinkpavillon in der Brunnenallee direkt ins Glas gezapft, sie eignen sich für Trinkkuren und Kohlensäurebäder. Der stark mineralisierte **Draitschbrunnen** (s. S. 79) hilft nachgewiesenermaßen bei Krankheiten des Verdauungsapparates und der Atemorgane, die etwas mildere **Kurfürstenquelle** hilft bei Gefäßerkrankungen, Sodbrennen und Blähungen.
Nur einen Katzensprung entfernt liegt Bad Neuenahr mit seiner weltberühmten **Apollinarisquelle.** In deren prickelndem Wasser kann man in den Ahr-Thermen entspannt baden. Das Wasser des »großen Sprudels« wird in der Trinkhalle im Kurpark ausgegeben.

- **Bonner Personenschifffahrt e. G.,** Tel. 02 28/63 63 63, www.b-p-s.de
- **Köln-Düsseldorfer Deutsche Rheinschifffahrt AG,** Tel. 02 21/2 08 83 18, www.k-d.com
- **Personenschifffahrt Siebengebirge e. G.,** Tel. 02 28/36 37 37, www.siebengebirgslinie.de

Den Rhein hinaufschippern mit einem chinesischen Pagodenschiff? Reiswein trinken und Peking-Ente essen? Das **Ocean Paradise** lädt samstags, sonntags und feiertags zu einstündigen Panoramafahrten ein. Ansonsten liegt es als schwimmendes **China-Restaurant** am Hans-Steger-Ufer 10 an der Kennedybrücke in Bonn-Beuel vor Anker (Tel. 02 28/9 76 39 88, 94 69 00 99, www.chinaschiff.de).

Allein auf Bonner Stadtgebiet lassen sich am Rheinufer **29 km Promenade** erwandern.

Freizeitkapitäne

Auf dem Schiffchensee in den Rheinauen können Modellbauer ihre Bootsmodelle steuern. Gleich nebenan auf dem großen Auensee befinden sich eine Segel- und Motorbootschule sowie ein Bootsverleih mit Tret- und Ruderbooten. Für Reisende mit Motorbootführerschein ist ein Charterbootausflug auf dem Rhein ein echter Genuss.

- **Segel- und Motorbootschule,** Tel. 02 28/23 31 32
- **Bonn-Charter,** Tel. 0 22 54/83 66 41, www.bonn-charter.de

Aug in Aug mit Rochen und Seepferdchen

Das Großaquarium **Sea Life** in Königswinter ist besonders für Familien ein großer Spaß. In dem einzigartigen Unterwassertunnel ist man dem Atlantik mit seinen Haien und Rochen so nah wie sonst nur Taucher und kann die Unterwasserwelt in aller Ruhe beobachten. In der Sonderausstellung über Seepferdchen gibt es vieles über diese ungewöhnlichen Tiere zu erfahren.

- **Sea Life Königswinter,** Rheinallee 8, Tel. 0 22 23/29 72 97, www.sealifeeurope.com (tgl. 10–17 Uhr).

Vom Dampfbad bis Scen Tao

Schon die alten Römer betrieben ausgiebig Wellness in Bonn, wie die archäologischen Ausgrabungen im ehemaligen Regierungsviertel beweisen. So wundert es nicht, dass man bis heute in Bonn und Umgebung attraktive Wellness-Tempel findet. Das römische Dampfbad zählt noch immer zu den Klassikern, doch längst bereichern asiatische Entspannungstechniken, Licht- und Aroma- sowie Klangtherapien mit wunderlichen Namen das unerschöpfliche Angebot.

Sauna-Park Siebengebirge, Dollendorfer Str. 106–110, 53639 Königswinter-Oberpleis, Tel. 0 22 44/9 21 70, www.saunapark-siebengebirge.de

Traumreise ...

Im **Sauna-Park Siebengebirge** ist allein der Ruhebereich einen Besuch wert. Der Park bietet einen natürlichen Bachlauf mit kleinem Wasserfall, einen Teich mit Koi-Karpfen und ausgesprochen schöne Liegeflächen in der Sonne oder unter dem uralten Weidenbaum. »Traumreise« nennt sich ein Aufguss, der jeden Freitagabend in der Blockhaussauna zur Entspannung beiträgt.

Mandala Spa im Hotel Phantasia, Berggeiststr. 31–41, 50321 Brühl, Tel. 0 22 32/36 93 81, www.hotelphantasia.de

Feuer, Wasser, Luft und Erde

Die chinesische Vier-Elemente-Massage »Feuer, Wasser, Luft und Erde« im **Mandala Spa** in **Brühl** wirkt ausgleichend und stärkend, lindert Stress und Erschöpfungszustände. Asiatische Cocktails und andere exotische Drinks aus dem Reich der Mitte serviert man in der exklusiven Dragon Bar.

Verwöhnwelten

In **Windhagen** im **Siebengebirge** lässt sich beim Besuch der Saunawelt ein Gang in die typisch finnische Blockhaussauna angenehm kombinieren mit einem Besuch des orientalisch anmutenden Bergkristall-Dampfbades, anschließend entspannt man bei alkoholfreien Fruchtcocktails am Pool mit Blick auf die bewaldeten Hügel des Siebengebirges. Wem das noch nicht international genug ist, der gönnt sich in der Beautywelt ein Serailbad, eine fernöstliche Seifenbürsten-Massage oder eine Scen Tao-Massage mit heißen Steinen.

Dorint Resorts Windhagen Siebengebirge, Brunnenstr. 7, 53578 Windhagen-Rederscheid, Tel. 0 26 45/1 50, http://dorintresorts.com/windhagen

Sinfonie der Sinne

Warum in die Ferne schweifen ...? Eine Aroma-Massage mit Ahr-Rotwein oder der »Waldfee«, einer Massagelotion aus Honigwaben, Zedern und echtem Eifel-Wacholder, tut es auch und lockert die Muskeln. Heimische Früchte machen sich in einem Quitten-Holunder-Sahne-Bad besonders gut. Im **Garten der Sinne** kann man an einem Hochbeet den betörenden Duft von Lavendel und Heiligenblume riechen. Ein Glockenspiel ertönt beim feinsten Windhauch. Beruhigend in der Hektik des Alltags wirken das Meditations-Kiesbeet und der sanft plätschernde Bachlauf.

Sinfonie der Sinne, Kurgartenstr. 1, 53474 Bad Neuenahr-Ahrweiler, Tel. 0 26 41/80 11 00, www.sinfonie-der-sinne.de

Ein exklusives Hotel mit Wellness-Paradies: das **Steigenberger Grandhotel,** Petersberg, 53639 Königswinter, Tel. 0 22 23/74 07 44 43, www.grandhotel-petersberg.de. Erholung in der lichtdurchfluteten Badelandschaft, maßgeschneiderte Schönheitsprogramme.

Weitere Wellness-Resorts:

Monte Mare, Münstereifeler Str. 61, 53359 Rheinbach, Tel. 0 22 26/9 03 00, www.monte-mare.de. Spezialaufgüsse und Zeremonien machen den Saunagang in den neun Saunen und Dampfbädern zu einem besonderen Erlebnis.

Ahr-Thermen, Felix-Rütten-Str. 3, 53474 Bad Neuenahr-Ahrweiler, Tel. 0 26 41/80 12 00, www.ahrthermen.de. Thermalbaden im weltberühmten Mineralwasser, unvergleichliche Sauna-Zeremonien (S. S. 88 f.).

Vom Bundesdorf zur Weltstadt

Als deutsche Hauptstadt sei Bonn viel zu klein und provinziell, meinten Spötter und sprachen augenzwinkernd vom »Bundesdorf« statt von der »Bundeshauptstadt«. Doch das ist lange her! Seit Deutschland wieder von der Spree aus regiert wird, hat sich Bonn fast unmerklich zu einer der innovativsten und progressivsten deutschen Städte entwickelt, in der es sich zugleich wunderbar leben lässt. Als Universitätsstadt, UNO-Sitz und Standort weltweit tätiger Unternehmen lockt Bonn Menschen aus aller Welt an den Rhein.

Lage und Landschaft

Bonn liegt am südlichen Ende der Kölner Bucht, wo die Rheinische Tiefebene in das Rheinische Schiefergebirge übergeht. Wegen ihrer Lage wird die Stadt, die sich zu beiden Ufern des Rheins erstreckt, auch gerne als das Tor zum romantischen Mittelrhein bezeichnet. Die weitgehend flache Innenstadt wird im Westen durch Ausläufer der nördlichen Voreifel und im Osten durch das Bergische Land und das Siebengebirge eingerahmt. Drei Viertel des Stadtgebietes befinden sich auf der linksrheinischen Seite, etwa ein Viertel auf der rechtsrheinischen, der so genannten »Schäl Sick«.

!! Knapp ein Drittel der Gesamtfläche Bonns besteht aus Wäldern. Der im westlichen Stadtgebiet beginnende Naturpark Rheinland mit seinen Wäldern, Flüssen und Seen zieht an sonnigen Tagen ganze Heerscharen ins Grüne.

Klima und Reisezeit

Bonn empfängt seine Besucher zu jeder Jahreszeit mit mildem Klima und mäßigen Niederschlägen. Schnee fällt selbst in strengen Wintern nur an wenigen Tagen, die Statistik verzeichnet nur zehn Eistage pro Jahr mit Tageshöchstwerten unter dem Gefrierpunkt. Als »nördlichste Stadt Italiens« wird Bonn bisweilen bezeichnet, dabei steigen im Sommer die Temperaturen selten über 25 °C. Im Bonner Talkessel ist es relativ windgeschützt. Die schönste Reisezeit ist der Sommer: wenn auf den Bühnen am Markt und in den Rheinauen Kulturevents unter freiem Himmel stattfinden.

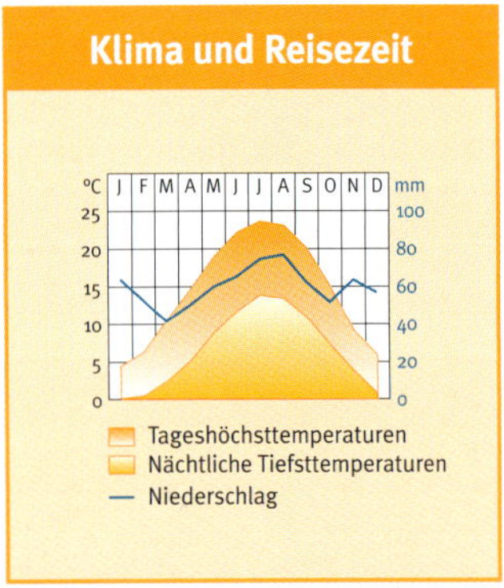

Mildes Klima und viel Grün kennzeichnen die Stadt am Rhein

Natur und Umwelt

Wälder, Wiesen und Felder – rund zwei Drittel des Bonner Stadtgebietes sind unbebaute Fläche. Und auch die Bonner Innenstadt ist bemerkenswert grün. In den Parks liegen im Sommer die Studenten; die Rheinpromenaden und natürlich die Rheinauen bieten Naherholung ohne lange Anreise. Doch die Rheinlage hat auch ihre Schattenseiten. »Ejmohl im Johr kütt dä Rhing us em Bett, nämlich dann, wenn hä Huuwasser hätt!«, beginnt eines der bekanntesten Karnevalslieder. Wie die meisten Rheinanrainer, nehmen die Bonner das regelmäßige Rheinhochwasser zwar gelassen hin, und dennoch: Bei einem Pegelstand von 8,50 m sind die Häuser in Beuel nur noch per Boot erreichbar, wenn die Hochwassermarke 10 m erreicht hat, wie zuletzt im Januar 1995, wird die Lage für viele Bewohner ernst.

Nur einen Katzensprung von Bonn entfernt beginnt das sagenumwobene, vulkanische Siebengebirge, das sich vom Bonner Stadtgebiet über Königswinter bis Bad Honnef erstreckt und bereits 1923 zum Naturpark erklärt wurde. Hier sind etwa 80 Pflanzen- und Tierarten nachgewiesen, die

Steckbrief

- **Fläche:** 141,2 km², höchster Punkt mit 194,8 m NN beim Pfaffelsberg in Beuel, tiefster Punkt mit 45,6 m NN an der Landzunge Kemper Wert nahe der Siegmündung
- **Einwohner:** ca. 314 020
- **Bevölkerungsdichte:** 2221 Einwohner je km²
- **Bundesministerien mit 1. Sitz in Bonn:** Verteidigung, Bildung und Forschung, Verbraucherschutz, Ernährung und Landwirtschaft, Gesundheit, Umwelt, Naturschutz und Reaktorsicherheit sowie wirtschaftliche Zusammenarbeit und Entwicklung
- **Internationale Organisationen:** zwölf Botschaften, zwölf UNO-Organisationen, über 150 staatliche und nichtstaatliche Einrichtungen der internationalen und entwicklungspolitischen Zusammenarbeit
- **Höchste Bauwerke:** Funkmast auf dem Venusberg 180 m, Post Tower 162,5 m, »Langer Eugen« 114,7 m

auf der Roten Liste des Artenschutzes stehen. Der Naturpark Rheinland zieht sich westlich des Rheins bis hoch nach Köln und umfasst mehr als 1000 km² Wälder, Felder, Flüsse und Seen. Wo früher Braunkohlebagger standen, bieten sich nun auf rekultiviertem Gelände neue Lebensräume für Tiere und Pflanzen.

Bevölkerung

In Bonn ist längst Fakt, worüber anderswo noch heftig debattiert wird: die multikulturelle Gesellschaft. Von den 314 000 Einwohnern sind über 70 000 keine gebürtigen Deutschen. In Bonn sind 42 000 Ausländer aus 171 Staaten der Erde gemeldet, hinzu kommen über 28 000 Menschen, die die deutsche Staatsangehörigkeit erworben haben, sowie rund 400 Diplomaten und deren Botschaftspersonal. Dieser hohe Ausländeranteil wird auch nach dem Umzug vieler Botschaften nach Berlin anhalten, da nun die UN-Verwaltung Beschäftigte aus der ganzen Welt und deren Angehörige nach Bonn lockt.

Orientalisches Flair findet man vor allem in Bad Godesberg, wo aus den arabischen Läden und Lokalen orientalische Musik auf die Straße dringt und verschleierte Frauen ihren Einkäufen nachgehen. In diesem Stadtteil fühlen sich Araber als Kurgäste und Einwohner gleichermaßen wohl.

Mini-Dolmetscher Bönnsch

Der in Bonn gesprochene rheinische Dialekt mit seinem charakteristischen »Singsang« ist mit dem Kölschen eng verwandt. Nachdem er eine Weile fast verpönt war, ist der Dialekt längst wieder »hoffähig« geworden. Kostprobe gefällig? Dann sollten Sie Karten für Konrad Beikircher besorgen. Der Kabarettist ist zwar in Südtirol geboren, doch längst ist Bonn seine Wahlheimat, das Bönnsch seine Sprache geworden. Und das hört sich ungefähr so an:

Die Begrüßung in Bonn verläuft nach einem festen Ablaufschema. Zunächst wird die Tageszeit genannt, bei mehreren Personen stets gefolgt von »zesamme«:

- Guten Morgen! ***Morje zesamme!***
- Guten Tag! ***Daach zesamme!***
- Guten Abend! ***N'Ovend zesamme!***

Danach fragt man sein Gegenüber nach dem werten Befinden. Kennt man die Familie, wird sie nun einzeln abgecheckt:

- Wie geht's? ***Wie isset?***
- Und die Gemahlin? ***Un de Frau?***
- Und die Kinder? ***Un de Pänz?***

Zwingende Abschlussfrage (egal wie tief man in die Verästelungen des Stammbaums gegangen ist):

- Und ansonsten? ***Un sons?***

Der höfliche Bonner antwortet stets ohne Nachdenken (selbst mit Kopf unter dem Arm)

- Gut! ***Jot!***

Dann erst steigt man in ein Gespräch ein. Wichtiges Vokabular:

- Ja ***jo***
- Nein ***enä***
- Wie bitte? ***Wat es?***
- Wie spricht man das aus? ***Wie sät mer dat?***
- Beendet wird es mit:
- Auf Wiedersehen! ***Tschö!***
- Gute Nacht! ***Naach zesamme!***

Die meisten ausländischen Mitbürger kommen jedoch aus der ehemaligen UdSSR (12,5 %), gefolgt von Türken (11,5 %) und Polen (9 %).

Bonn gehört zum Erzbistum Köln, in dem die Bevölkerung mehrheitlich katholisch ist. Wegen der hohen Zuwanderungszahlen sind »nur« gut 41 % der Bonner katholisch. 23 % sind evangelisch, 6 % muslimisch, und der Rest gehört einer anderen oder keiner Religion an.

Brauchtum

Der rheinische Frohsinn ist legendär! Und so werden auch in Bonn überlieferte Traditionen gepflegt und die Feste gefeiert, wie sie fallen – UNO-Stadt hin oder her. Gäste und Besucher sind dabei stets willkommen.

Karneval

Die so genannte fünfte Jahreszeit beginnt am 11.11. um 11.11 Uhr und dauert bis zum Aschermittwoch. Zunächst beginnt es eher versteckt beim Sitzungskarneval, am Donnerstag vor dem Aschermittwoch gibt es kein Halten mehr: An diesem Tag stürmen die Waschweiber das Beueler Rathaus, von nun an regiert die Wäscherprinzessin die Stadt. An diesem Tag ruht das öffentliche Leben, in den Büros wird der Beginn des *Fastelovends* gefeiert ... An den folgenden Tagen darf man in allen Stadtteilen die Karnevalszüge mit kunstvoll gestalteten Wagen und liebevoll genähten Kostümen bewundern. Wer am Straßenrand steht, unterstreicht den Ruf »Alaaf« mit einem lässigen Hochwerfen des Armes und wird mit Kamelle (Süßigkeiten), Bützchen (Karnevalskuss) oder Strüsschen (Blumensträußchen) belohnt. Das Alte Rathaus in Bonn wird am Karnevalssonntag von den Stadtsoldaten in historischen Uniformen erobert. Der große Rosenmontagszug zieht am Montag durch die Bonner City, am Veilchendienstag lässt man die tollen Tage gemütlich in einer Kneipe ausklingen.

Ein Maibaum für die Liebste

In der Nacht zum 1. Mai setzen die rheinischen Männer ihren Angebeteten als Zeichen ihrer Liebe einen Maibaum. Dies ist eine junge Birke, die mit bunten Kreppbändern geschmückt ist. Sie wird an der Fassade befestigt, ganz Mutige wagen sich aufs Dach hinauf.

Sankt Martin

In Erinnerung an den heiligen Martin von Tours, der als Soldat einem frierenden Bettler die Hälfte seines Mantels gab, laufen an seinem Todestag die Kinder mit selbst gebastelten La-

Der Nubbel ist schuld!

Am Veilchendienstag, dem Tag vor Aschermittwoch, wird in vielen Orten der Region der Nubbel verbrannt: eine lebensgroße Puppe aus Stroh und alten Kleidern, die am letzten Tag des Karnevals alle Sünden auf sich nehmen muss, die die Jecken an den tollen Tagen begangen haben. Ob jemand sein ganzes Geld versoffen oder gar der Liebsten untreu geworden ist – schuld »wor der Nubbel!« Kurz vor Mitternacht wird er unter großem Jammern und Wehklagen verbrannt. Mit seinem Ende sind auch die Sünderlein reingewaschen und können am Aschermittwoch ohne Gewissensnot in die Fastenzeit starten.

ternen durch die Straßen. Der Martinszug führt zu einem großen Martinsfeuer, dort wird die Mantelteilung nachgespielt, bevor Sankt Martin Weckmänner (s. S. 24) verteilt.

Wirtschaft, Bildung und Forschung

Als der Deutsche Bundestag am 20. Juni 1991 beschloss, dass künftig Berlin Regierungs- und Parlamentssitz werden sollte, bangte man am Rhein um die wirtschaftliche Stabilität der Region. Doch allen Unkenrufen von damals zum Trotz: Wirtschaftlich geht es der ehemaligen Bundeshauptstadt heute vergleichsweise gut. Bonn hat seit Jahren eine der niedrigsten Arbeitslosenquoten Nordrhein-Westfalens – und mehr Einwohner als im historischen Jahr 1991.

Zentrum von Wissenschaft und Forschung ist die Rheinische Friedrich-Wilhelms-Universität, die einen exzellenten internationalen Ruf genießt. Bonn bildet zusammen mit den Städten Aachen und Köln die Eckpunkte der ABC-Region, die als dichteste Forschungsregion Europas gilt, und ist Sitz des Forschungszentrums CAESAR (Center of Advanced European Studies and Research), in dem interdisziplinäre, marktorientierte Spitzenforschung betrieben wird.

Politik und Verwaltung

Im Süden Nordrhein-Westfalens gelegen, gehört Bonn zum Regierungsbezirk Köln. Das Stadtgebiet umfasst die vier Stadtbezirke Bonn, Hardtberg, Bad Godesberg und Beuel, diese sind in weitere 51 Ortsteile gegliedert.

Die 66 gewählten Mitglieder des Stadtrats vertreten sieben Parteien, stärkste Kraft ist die CDU. Die langjährige Oberbürgermeisterin Bärbel Dieckmann gehört der SPD an und wurde 2004 erneut in ihrem Amt bestätigt. Nachdem sich zu Beginn des Jahres 2006 eine Ampel-Koalition aus SPD, FDP und Bündnis 90/Die Grünen gegründet hatte, kam im September 2006 nach anhaltenden Querelen das endgültige Aus.

6 der 15 Bundesministerien haben nach der Umsetzung des Berlin-Bonn-Gesetzes ihren ersten Dienstsitz in Bonn behalten. Ferner zogen zum Strukturausgleich mehr als 20 Bundesbehörden an den Rhein, darunter Bundeskartellamt und Bundesrechnungshof. Im sog. Regierungsshuttle pendeln Minister und Staatsbedienstete täglich zwischen Berlin und Bonn hin und her.

UNO-Stadt Bonn

Seit 1996 ist Bonn UNO-Standort, bislang sind hier zwölf Organisationen der Vereinten Nationen ansässig, zumeist mit Arbeitsschwerpunkt beim Umweltschutz. Schätzungen zufolge sollen künftig bis zu 1000 UNO-Mitarbeiter in Bonn beschäftigt werden. Der Ausbau des ehemaligen Abgeordnetenhauses »Langer Eugen« und der Bürogebäude des angrenzenden Tulpenfeldes zum UN-Campus macht die Stadt für weitere internationale sowie Nichtregierungs-Organisationen und Kongresse attraktiv, auch das im früheren Plenarbereich des Bundestages entstandene internationale Kongresszentrum wird gerne für Großveranstaltungen der UNO genutzt.

Geschichte im Überblick

12 000 v. Chr. In Oberkassel wird ein Menschenpaar samt Hund in einem Doppelgrab bestattet.
4080 v. Chr. Erste nachweisbare befestigte Siedlung auf dem Venusberg.
30 v. Chr. Die Ubier bauen eine Siedlung an einer Rheinfurt.
12. v. Chr. Die Errichtung eines römischen Lagers am Rhein gilt als Geburtsstunde der Stadt Bonn.
450 Bonn gehört zum Frankenreich.
804 Die Siedlung Villa Basilica wird urkundlich erwähnt.
1210 Erzbischof Dietrich von Hengebach befiehlt den Bau der Godesburg.
1244 Erzbischof Konrad von Hochstaden lässt eine Stadtmauer errichten und verleiht die Stadtfreiheit.
1288 Nach der Schlacht bei Worringen machen die Kölner Kurfürsten Bonn, Brühl und Poppelsdorf zu ihren Residenzen. Ein erster Stadtrat aus Bonner Bürgern wird gebildet.
1583 Nach drei gescheiterten Reformationsversuchen in Bonn beginnt der Truchsessische Krieg.
1597 Bonn wird offizielle Residenzstadt.
1689 Bei der Belagerung durch Reichstruppen unter Kurfürst Friedrich III. von Brandenburg wird die Stadt zerstört.
1715 Die Festung Bonn wird geschleift. Die Kurfürsten Joseph Clemens und Clemens August bauen Bonn zur barocken Residenzstadt aus.
1770 Ludwig von Beethoven wird in Bonn geboren.
1786 Die erste Bonner Universität wird gegründet.
1794–1814 Französische Truppen besetzen Bonn.
1815 Auf dem Wiener Kongress wird das Rheinland Preußen zugesprochen.
1818 Die Rheinische Friedrich-Wilhelms-Universität zu Bonn wird gegründet. Ihre Professoren sind maßgeblich an der demokratischen Revolution 1848/49 beteiligt.
1856 Robert Schumann stirbt in Endenich.
1898 Zwischen Bonn und Beuel wird eine feste Rheinbrücke gebaut.
1918–1926 Nach dem Ersten Weltkrieg besetzen erst Engländer, dann Franzosen die Stadt.
1926 Godesberg darf sich Bad nennen, erhält 1935 Stadtrechte.
1938 In der Reichspogromnacht brennen die Synagogen in Bad Godesberg, Beuel, Bonn, Mehlem und Poppelsdorf.
1944/45 Bonn und Beuel werden zu 30 % durch Bombenangriffe zerstört.
1949 Bonn wird vorläufige Bundeshauptstadt.
1979 Bundesgartenschau in Bonn.
1990 Berlin wird Hauptstadt.
1994 Das Berlin-Bonn-Gesetz sichert Bonn einen Ausgleich für den Strukturwandel zu.
1996 Bonn wird UNO-Stadt.
2000 Baubeginn der Zentrale der Deutschen Post World Net mit dem Post Tower.
2006 Der UN-Campus wird im ehemaligen Abgeordnetenhaus »Langer Eugen« und im benachbarten »Tulpenfeld« eröffnet.

Kultur gestern und heute

Architektur

Römerzeit und Mittelalter

Von der römischen Besiedlung Bonns sind nur noch wenige Spuren auszumachen. Die große Legionsfestung Castra Bonnensia und die angrenzenden Gutshöfe sind vollständig unter Wohnbebauung verschwunden, nur ein Bronzemodell, einige Straßennamen und die Bezeichnung des Ortsteils Bonn-Castell erinnern an die Römer. 2006 wurde bei Ausgrabungen im ehemaligen Regierungsviertel eine römische Zivilsiedlung mit Therme und Tempel entdeckt. Die Therme wird im neuen Kongresshotel der Öffentlichkeit präsentiert werden.

Der Legende nach sollen in Bonn die thebäischen Legionäre Cassius und Florentius den Märtyrertod gestorben sein. Dort, wo man ihre Gräber vermutete, entstand zunächst eine kleine Kirche, zu Beginn des 9. Jhs. die Siedlung Villa Basilica, schließlich das heutige Münster (s. S. 47). Eines der ältesten und architektonisch beeindruckendsten Bauwerke ist die 1151 geweihte Doppelkirche von Schwarzrheindorf (s. S. 98). Nur wenig jünger ist die Godesburg (s. S. 78), mit deren Bau 1210 begonnen wurde.

In Kurfürstlicher Zeit

Für Bonn war der Ausgang der Schlacht von Worringen 1288 ein Segen, denn die Kölner Kurfürsten machten Bonn in der Folge zur Residenzstadt. Bis heute bestimmen großzügige barocke Residenzschlösser das Bonner Stadtbild. Kurfürst Joseph Clemens ersetzte die alte Poppelsdorfer Wasserburg durch Schloss

Erbe aus der Römerzeit

Clemensruhe und veranlasste den Wiederaufbau der ehemaligen Kurfürstlichen Residenz in der Innenstadt. Seit ihrer Gründung Anfang des 19. Jhs. hat die Universität hier ihren Sitz. Der strenge Bau wurde wenige Jahre später im Süden um den Hofgarten (s. S. 44) erweitert – sehr zum Gefallen der Studenten.

1738 ließ Kurfürst Clemens August das Rathaus am Markt mit seiner imposanten Rokokofassade neu bauen, bis heute eines der beliebtesten Fotomotive in Bonn. Kurz darauf erweiterte er die beiden Schlösser und verband sie durch eine breite Allee, die heutige Poppelsdorfer Allee.

Der berühmte Baumeister Balthasar Neumann schuf das Treppenhaus in Schloss Augustusburg (Brühl) (s. S. 93), in dem sich zu Hauptstadtzeiten stets die Staatsleute zum Gruppenfoto versammelten. Zwischen 1858 und 1860 entstand das spätklassizistische Palais Schaumburg (s. S. 60), das zwischen 1949 und 1976 Amtssitz des Bundeskanzlers war. Bis zum Regierungsumzug wurde es für

Repräsentationszwecke genutzt, während der oberste Repräsentant des Staates, der Bundespräsident, in der Villa Hammerschmidt (s. S. 61) residierte.

Vom Jugendstil zur Moderne

Nach französischer und preußischer Herrschaft erlebte Bonn in der Gründerzeit um 1900 einen städtebaulichen Boom. Besonders in der Nähe der Schlösser suchten wohlhabende Bürger nach geeigneten Stadthäusern. Die Südstadt mit den von Stadtbaumeister Paul Richard Thomann entworfenen Jugendstilhäusern mit ihren winzigen Vorgärten und schmucken schmiedeeisernen Zäunen zählt bis heute zu den bevorzugten Adressen – nicht nur unter Studenten! In dieser Zeit, genauer 1898, wurde auch die erste Rheinbrücke eingeweiht – die heutige Kennedybrücke –, damals die größte Bogenbrücke der Welt.

Als Bonn zur provisorischen Hauptstadt im Nachkriegsdeutschland wurde, bespöttelten viele Zeitgenossen die langweilige Büroarchitektur des Regierungsviertels: Resultat des Dilemmas, dass man nach dem Ende des Dritten Reiches zwar repräsentative Bauten brauchte, aber auf eine unpathetische Architektur setzte. Es entstanden u. a. der »Lange Eugen« und später der neue Plenarsaal, nachdem das Parlament jahrelang im Alten Wasserwerk zusammengekommen war. Auch der Post Tower zählt zu den bedeutendsten Bauten nach 1945. Zu einem Skandal wurde der Schürmannbau (s. S. 64). Das Gebäude, mit 700 Mio. € einer der teuersten Bauten der deutschen Nachkriegszeit, wurde noch vor seiner Fertigstellung durch Hochwasser schwer beschädigt. Heute hat die Deutsche Welle hier ihren Sitz – die Abgeordneten sind ja ohnehin längst in Berlin!

Berühmtester Sohn der Stadt: Beethoven

Musik

Besucher aus der ganzen Welt reisen nach Bonn, um auf den Spuren **Ludwig van Beethovens** (1770–1827) zu wandeln (s. S. 41). Denn hier erinnert vieles noch an den großen Komponisten und Sohn der Stadt. Das Beethovenhaus ist eines der Wahrzeichen Bonns und beherbergt das Beethovenarchiv und ein Museum mit der größten privaten Beethoven-Sammlung der Welt. Das Orchester der Beethovenhalle ist eine wichtige Säule bei dem mittlerweile jährlich stattfindenden Beethovenfest, das mit rund 50 Konzerten zu den musikalischen Großereignissen in NRW zählt. Beethoven selbst liegt zwar auf dem Wiener Zentralfriedhof begraben, doch seine innig geliebte Mutter Maria Magdalena ist in Bonn auf dem Alten Friedhof beigesetzt.

Im Leben des sächsischen Musikerehepaares **Robert und Clara Schumann** nimmt Bonn einen tragischen Part ein. Die Familie wohnte und arbeitete seit 1850 in Düsseldorf, Robert

Pützchens Markt: Traditionsreicher Jahrmarkt im September

verbrachte nach einem Selbstmordversuch 1854 seine letzten beiden Lebensjahre in der Nervenheilanstalt Endenich. Clara gab nach seinem Tod die älteren fünf Kinder außer Haus und zog mit den beiden jüngsten nach Baden-Baden. Beerdigt wurde sie wunschgemäß neben Robert auf dem Alten Friedhof in Bonn.

Auf Beethovens Spuren: Mit MP3-Player und Begleitbroschüre wandert man auf Beethovens Spuren durch Bonn, lauscht den Klängen ausgewählter Musikstücke und erfährt neben Biografischem auch so manche Anekdote aus dem Leben des Komponisten. Dauer: 1 Std., 5,90 €, Personalausweis erforderlich! Infos bei der Bonn Information (s. S. 102).

Literatur

Der Dichter, Publizist und Historiker **Ernst Moritz Arndt** lebte von 1818 bis zu seinem Tod 1860 in Bonn und war Rektor an der Bonner Universiät. Er war durch und durch Patriot, was sich vor allem in seinen politischen Schriften wie »Germanien und Europa« widerspiegelt. Wegen seiner antifranzösischen und antisemitischen Einstellung ist die literarische Bewertung seines Werkes recht umstritten. Geschätzt wird er für seine tief religiösen Kirchenlieder und seine Märchen- und Sagensammlungen.

Weniger bekannt ist heute der Bonner Germanist und Poet **Karl Simrock** (1802–1876). Er übertrug viele Werke der altdeutschen Dichtung ins Neuhochdeutsche und machte damit u. a. das Nibelungenlied, Parzival und die Gedichte von Walther von der Vogelweide für seine Zeitgenossen lesbar. Er schrieb Schwänke, Balladen und Lieder und sammelte Sagen und Märchen.

Hauptmotive des in Bonn geborenen Schriftstellers **Wilhelm Schmidtbonn** (1876–1952), der auch als Dramaturg und Kriegsberichterstatter im Ersten Weltkrieg tätig war, sind die rheinische Landschaft und ihre Bewohner. »Rheinische Geschichten«, »Mutter Landstraße« und »Menschen und Städte im Kriege« heißen drei seiner zahlreichen Werke. Sein Grab befindet sich auf dem Alten Friedhof.

Die Bonner Journalistin **Ursula Schaake** schrieb unter dem Pseudonym Alexandra Cordes in den 1970er Jahren beliebte Romane und Familiensagas. 1986 wurde sie tot in ihrem Haus in der Provence aufgefunden – erschossen von dem Schriftsteller Michael Horbach, ihrem Ehemann.

Herausragende, in Bonn lebende Autoren der Gegenwartsliteratur sind **Gisbert Haefs** und **Akif Pirinçci.** Haefs schreibt Kriminal- sowie historische Romane und Science Fiction. Pirinçci wurde international bekannt mit seinem Katzenkrimi »Felidae«. Seit ihrem 7. Lebensjahr schreibt die in Bonn geborene Juristin **Juli Zeh** vorwiegend sozialkritische Spannungsliteratur. Ihr Debütroman »Adler und Engel« wurde in 28 Sprachen übersetzt.

Feste & Veranstaltungen

Das ganze Jahr über finden in Bonn Kulturveranstaltungen statt. Hier eine Auswahl:

- **Februar/März: Weiberfastnacht** in Beuel. **Karnevalszüge** in allen Ortsteilen.
- **April: Bonn-Marathon** für über 6000 Läufer, Walker und Rollstuhlfahrer (1. Wochenende).
- **April bis Oktober: Rheinauenflohmarkt,** einer der größten Flohmärkte Deutschlands (3. Sa im Monat).
- **Mai: Rhein in Flammen.** Bengalische Feuer entlang des Rheinufers, Großfeuerwerk in den Rheinauen (1. Sa). **Museumsmeilenfest.** Museen mit besonderen Programmangeboten (letztes Wochenende).
- **Mai bis August: Brühler Schlosskonzerte.** Klassik vom Feinsten.
- **Mai bis September: Bonner Sommer.** Open-Air-Veranstaltungen im gesamten Stadtgebiet.
- **Juni: Promenadenfest** in Beuel (2. Sa). **Bonner Biermarathon.** Urkomische Stadtrallye (2. Wochenende, Achtung: 2008 erst im Herbst, Infos unter www.bonner-biermarathon.de). **Bonn-Triathlon,** hierbei darf ausnahmsweise im Rhein geschwommen werden (3. Wochenende). **Bonner Biennale,** internationales Theaterfestival (jedes 2. Jahr).
- **Juli: R(h)einkultur.** Open-Air-Musikfestival in den Rheinauen (1. Wochenende). **Bierbörse.** Über 600 Biersorten (le. Wochenende).
- **August: Bonner Sommerkino.** Internationale Stummfilme mit Musikbegleitung (1. Monatshälfte).
- **September: Internationales Begegnungsfest.** Fremde Klänge, exotische Speisen (1. Wochenende). **Internationales Beethovenfest Bonn.** Höhepunkt der Bonner Konzertsaison. **Schützenfeste** in vielen Ortsteilen. **Winzerfeste** an der Ahr. **Pützchens Markt.** Größter Jahrmarkt der Region (2. Wochenende). **Bonnfest.** Jahrmarkt zwischen Markt und Münsterplatz (letztes Wochenende).
- **Oktober: Tag der Vereinten Nationen** mit großem Bürgerfest (Wochenende nahe dem 24. Oktober). **Drachenlauf.** Halbmarathon im Siebengebirge (Termin unter www.drachenlauf.de).
- **November: Sankt-Martins-Umzüge** (10. Nov.). **Weihnachtsmärkte** in Bonn und Bad Godesberg tgl. ab Ende Nov.
- **Dezember: Weihnachtsmärkte** in allen Ortsteilen.

Bonner Künstler

August Macke (1887–1914) wuchs in Bonn auf. Der Expressionist, der zur Künstlergruppe »Der blaue Reiter« gehörte, malte vorwiegend Menschen und Landschaften. Besonders aussagekräftig sind die Aquarelle, die während seiner berühmten Tunesienreise mit Paul Klee entstanden. Einige seiner Ölbilder sind im August-Macke-Haus (s. S. 54) ausgestellt.

Der in Brühl bei Bonn geborene **Max Ernst** (1891–1976) studierte in Bonn Kunstgeschichte und lernte dort August Macke kennen. Ernst zog es eher zum Surrealismus und Dadaismus hin, schon bald genügten ihm die klassischen Techniken der Malerei nicht mehr und er begann, mit neuen Gestaltungstechniken zu experimentieren. Sein Werk galt im Dritten Reich als entartete Kunst. Ihm ist ein großes Museum in seiner Geburtstadt Brühl (s. S. 95) gewidmet.

i Aktuelle Veranstaltungsinfos im Bonner Monatsmagazin »Bonn-JOUR« und unter www.bonn.de, www.bonnxxl.de und www.bonnaparte.de.

Bonn fürs Sofa

In Bonn leb(t)en nicht nur einige namhafte Schriftsteller, die Stadt ist auch Gegenstand zahlreicher Romane.

- **Alraune,** Hanns Heinz Ewers. Zwei Juristen befruchten eine Hure mit dem Samen eines Mörders. Diese bringt das Mädchen Alraune zur Welt. Sie ist ohne menschliche Seele und Moral; wer sie begehrt, den erwarten Ruin und grausamer Tod. Einer der skurrilsten Bonn-Romane.
- **Das Dampfross,** Reinhard Schmoeckel. Historischer Roman über den Bau der 1844 eingeweihten Eisenbahnstrecke von Köln nach Bonn.
- **Das Jagdhaus in der Eifel,** Georg R. Kristan. Krimi, in dem die Polizei einen Spionagefall vermutet, als die Sekretärin eines Ministeriums verschwindet und der Panzerschrank, zu dem sie den Schlüssel hatte, leer aufgefunden wird.
- **Eine kleine Stadt in Deutschland** war 1968 ein international erfolgreicher Spionageroman von John Le Carré.
- **Felidae,** Akif Pirinçci. Fabel, in der der pfiffige Kater Francis den Mord an einem Artgenossen aufklärt und dabei auf Serienmorde, religiöse Sekten und menschliche Abgründe stößt.
- **Nur Elefanten vergessen langsamer,** Ralph Kirscht. Die Freundin eines Psychologen wird getötet. Mit viel Lokalkolorit geschriebener Bonn-Krimi.
- **Spieltrieb,** Juli Zeh. Ein unter die Haut gehender Roman über zwei Bonner Schüler, die ein ungeheuerliches Spiel um Sex, Verführung, Macht, Hass und Liebe spielen, bei dem ihr Lehrer zum hilflosen Opfer wird.
- **Yin,** Akif Pirinçci. Ein heimtückischer Virus befällt das Y-Chromosom und tötet alle Männer. Die Zukunft der Menschheit liegt in den Händen einer Journalistin, einer Hure, einer Hausfrau, einer Politikerin, einer Bomberpilotin, einer Ärztin und eines Models.

Essen und Trinken

»Fooderkaat« heißt in den Kneipen und Brauhäusern Bonns die Speisekarte. Auf einer solchen »Futterkarte« ist urtypische lokale Küche zu finden: deftige Speisen, wie sie die einfachen rheinischen Handwerker und Bauern bevorzugten. Die Kartoffel spielt(e) dabei eine bedeutende Rolle, sei es als »Rievkooche« (Kartoffelpuffer), »Quallmänner« (Pellkartoffeln), Salzkartoffeln, Bratskartoffeln (ja, gesprochen mit S) oder gestampft.

Spitzenrestaurants

- **Halbedel's Gasthaus,** Bad Godesberg, Rheinallee 47, Tel. 35 42 53, Di–So 18–24 Uhr. In der schönen Jugendstilvilla kommen leichte und fantasievolle Menüs auf den Tisch. Der gut gefüllte Weinkeller ist weithin bekannt. ○○○
- **Korkeiche,** Muffendorf, Lyngsbergstr. 104, Tel. 34 78 97, Mo–Sa 18 bis 24 Uhr. Weinhaus und Restaurant in einem wunderschönen Fachwerkhaus. ○○○
- **Rohmühle,** Oberkassel, Rheinwerkallee 3, Tel. 4 10 07 07, So bis Do 10–24, Fr u. Sa 10–1 Uhr. Café, Restaurant, Biergarten und Bar mit mediterraner Küche in der ehemaligen Zementfabrik am Rhein. ○○○
- **Sassella,** Kessenich, Karthäuserplatz 21, Tel. 53 08 15, Di–Fr 12–14.30 u. 18–23, Sa ab 18, So 12–14.30 Uhr. Urgemütlicher Nobel-Italiener mit einer gelungenen Mischung aus preiswerten Pastagerichten und erlesener Gourmetküche. ○○–○○○
- **Le Petit Poisson,** Altstadt, Wilhelmstr. 23a, Tel. 63 38 83, Di–Sa 18–1 Uhr. Französisches Gourmetrestaurant, bekannt für seine Fischgerichte. ○○

Weinprobe im Grünen

Restaurants

- **Waldcafé,** Pützchen, Am Rehsprung 35, Tel. 48 20 44, Di–So 7–24 Uhr. Restaurant und Café mit deutscher Küche, die Speisekarte wechselt mit den Jahreszeiten. Man sitzt im hellen Schlemmergarten, im Winter strahlt das Kaminfeuer wohlige Wärme aus. ○○○
- **Cassius Garten,** Innenstadt, in der Cassius-Bastei, Maximilianstr. 28d, Tel. 65 24 29, Mo–Fr 11–20, Sa 11 bis 18 Uhr. In diesem vegetarischen Vollwertrestaurant gibt es keine festgelegten Portionen, man zahlt nach Gewicht. ○○
- **Wespennest,** Poppelsdorf, Argelanderstr. 139, Tel. 21 82 62, Mo–Sa 17–1, So 10–1 Uhr. Sonntags einer der beliebtesten Plätze für einen guten Brunch. ○○
- **Zum Treppchen,** Südstadt, Weberstr. 42, Tel. 22 31 83, tgl. 17–24 Uhr. Uriges Wirtshaus mit rheinischer Küche. ○○
- **Vapiano,** Bundesviertel, Ollenhauerstr. 1, tgl. 10–1 Uhr. Das edelste Selbstbedienungsrestaurant der Stadt! Die geschmackvolle Einrichtung lädt auch zum längeren Verweilen bei einem Glas Wein ein, an war-

men Tagen auf der Terrasse, an kalten Tagen am Kamin. Die frisch hergestellten Pastagerichte, Pizzas und Salate schmecken vorzüglich. ❍

Internationale Küche

▮ **K. u. K.,** Mehlem, Fährstr. 26, Tel. 36 27 56, Di–So ab 12 Uhr. Das Beste, was die österreichische Küche zu bieten hat: Tafelspitz, Backhendl, Schnitzel und Kaiserschmarrn. ❍❍❍

▮ **Karawane,** Oberkassel, Adrianstr. 104 (Eingang Baumstr.), Tel. 9 44 96 80, Di–So 18–23 Uhr. Jeden Abend begeben sich Küchenchef und Gäste auf eine kulinarische Rundreise durch den Orient. Neun Gerichte aus neun Ländern stehen auf der wöchentlich wechselnden Speisekarte. Unbedingt reservieren, es gibt stets viele »Mitreisende«. ❍❍

▮ **Rincon de Espana,** Kessenich, Karthäuserplatz 21, Tel. 23 96 09, Di–Fr 17–1, Sa, So 12–1 Uhr. Von den Bonnern nur »Der Spanier« genannt. Das Essen ist vorzüglich, besonders empfehlenswert ist das Huhn in Knoblauchsauce. Warteschlangen sind

Rheinische »Spezialitäten«

Keiner kann die vielen enttäuschten Reisenden zählen, die im Rheinland in freudiger Erwartung eines halben Grillhähnchens einen »Halven Hahn« bestellen und dann ein halbes belegtes Brötchen serviert bekommen. Für den Namen gibt es zwei Erklärungen: Irgendwann bestellte ein Gast in einem Kölner Brauhaus ein Käsebrötchen, wollte aber nur ein »halves han« (halbes haben). Wahrscheinlicher ist aber, dass die Essgewohnheiten der Brauereizapfer den Hintergrund bilden. Wenn morgens ein frisches Fass angeschlagen wurde, durften die Burschen erst ihr Frühstücksbrötchen essen, wenn das Fass halb leer war. Dieser Füllstand hieß »halber Hahn«.

Um Missverständnissen vorzubeugen, hier ein kleines Wörterbuch typisch rheinischer Spezialitäten:

▮ **Äädääpele:** Erdäpfel (Kartoffeln)
▮ **Ääpele:** Äpfel
▮ **Appeltaat:** Apfelkuchen
▮ **Blootwoosch:** Blutwurst, meist mit Würfeln von Speck und Zunge
▮ **Flönz:** Kölner Blutwurst mit feineren Speckwürfeln
▮ **Hämschen:** gepökeltes Eisbein, serviert mit Sauerkraut
▮ **Himmel un Ääd:** Apfelmus und Kartoffelpüree, oft zusammen mit Blutwurst
▮ **Mett:** gut gewürztes, rohes Schweinegehacktes auf Brötchen – meist mit Zwiebelringen
▮ **Mostert:** Senf
▮ **Muuze:** süßes Fettgebäck zu Karneval
▮ **Muuzemändelche:** in Mandelform gebackene Muuze, auch »Nonnenfurz« genannt
▮ **Öllisch:** Zwiebel
▮ **Pannekooche:** Pfannkuchen/Eierkuchen
▮ **Prummetaat:** Pflaumenkuchen
▮ **Schuss:** Kölsch mit einem Schuss Malzbier
▮ **Suurbroode:** rheinischer Sauerbraten
▮ **Weckmann:** süßes Hefebrötchen in Form eines Menschen

Idyllischer Biergarten mit Fernblick über Bonn

vollkommen selbstverständlich – die Warterei lohnt sich schließlich. ❍❍

- **Sirtaki,** Endenich, Wittelsbacher Ring 27, Tel. 65 76 12, So–Fr 12–15 und 18–1, Sa 18–1 Uhr. Wenn Bonner griechisch essen gehen, dann ist dieses familiäre Restaurant erste Wahl. ❍❍
- **Pasta e Caffè,** Innenstadt, Sternstr. 40, Tel. 2 80 88 48, Mo–Sa 10.30–19 Uhr. Rauchfreies Nudelrestaurant mit versteckt gelegener Terrasse. Die drei Nudelsorten und acht Saucen sind frei kombinierbar und werden flott serviert. ❍

Kneipen

- **Aktuell Nachrichtentreff,** Innenstadt, Gerhard-von-Are-Straße 8, Tel. 65 30 77, Mo–Sa 10–1, So 16–24 Uhr. Zu Hauptstadtzeiten gab sich hier die Prominenz die Klinke in die Hand, mit gemütlichem Wintergarten.
- **Bellini,** Innenstadt, Rathausgasse 38, Tel. 65 29 50, Mo–Fr 18–3, Sa/So 18–5 Uhr. Szenekneipe und In-Treff von Journalisten und Politikern. Hier kann man auch tief in der Nacht noch köstlich italienisch essen.
- **Bonner Republik,** Regierungsviertel, Adenauerallee 70, Tel. 2 80 49 70, tgl. 10–24 Uhr. Nostalgisches Gasthaus mit schönem Garten, voller Erinnerungen an die Hauptstadtzeit.
- **James Joyce,** Innenstadt, Mauspfad 6–10, Tel. 3 69 56 71, Mo–Do 16–1, Fr 15–3, Sa 12–3, So 12–1 Uhr. Irish Pub mit Live-Musik, nicht nur für Freunde des Guinness, auch die Sandwichs und Irish Stews sind vorzüglich.
- **Tresor,** Altstadt, Wolfstr. 11, Tel. 9 81 41 86, tgl. 19–1 Uhr. In der besten Hard-Rock-Kneipe der Stadt wird das gute Mühlenkölsch gezapft und stehen über 40 verschiedene Whiskys zur Auswahl.

Herrliche **Picknickplätze** bieten die **Rheinauen** mit zehn frei zugänglichen Grillstellen, der **Hofgarten,** wo Studenten die Picknickdecke auslegen, und der **Panoramaplatz** an der Rheinallee in Bad Godesberg mit Blick auf den Rhein und das Siebengebirge.

Biergärten und Brauhäuser

- **Schaumburger Hof,** Bad Godesberg, Am Schaumburger Hof 10,

Bönnsch Bier im Traditionsbrauhaus

Tel. 9 56 35 29, Di–So 12–22 Uhr. Ein idyllischer Biergarten mit Blick auf den Rhein. ○○○

▮ **Schänzchen,** Bonn-Nord, Rosenthal 105, Tel. 9 63 65 29, März–Okt. Di–Sa 11–22 Uhr. Uriger Biergarten mit Rheinblick und bayerischer Hausmannskost. ○○

▮ **Brauhaus Bönnsch,** Innenstadt, Sterntorbrücke 4, Tel. 65 06 10, Mo bis Do 11–1, Fr, Sa 11–3, So 16–24 Uhr. Zum Original Bönnsch Bier isst man am besten echte Bönnsche Flammkuche. ○○

Cafés und Bistros

▮ **Frau Holle,** Altstadt, Breite Straße 54–56, Tel. 65 23 22, Mo–Sa 8.30 bis 20 Uhr. Die große Auswahl lockt Kaffeeliebhaber in die Altstadt. Einmal monatlich am So Matinee, bei gutem Wetter Open-Air-Veranstaltungen im Innenhof. ○○○

▮ **Bonngout,** Innenstadt, Remigiusplatz 4, Tel. 65 89 88, tgl. 9–1, So 10 bis 24 Uhr. Café und Bistro mit Blick auf den Blumenmarkt, sonntags üppiges Brunchangebot. ○○

▮ **Café von Sturm,** Innenstadt, Kaiserstr. 1d, Tel. 22 34 85, Mo–Sa 9–18 Uhr. Kuchen aus der eigenen Konditorei im Traditionshaus, wo sich früher Politiker und Spione trafen. ○○

▮ **Fassbender,** Innenstadt, Sternstr. 55, Tel. 72 61 11, Mo–Fr 9–19, Sa 9–18, So 12–18 Uhr. Im Café werden allerlei süße Leckereien serviert, der Inhaber zählt zu den besten Patissiers Europas. ○○

▮ **Klosterpforte,** Pützchen, Karmeliterstr. 1d, Tel. 3 69 45 58, Mo–Fr ab 18, Sa/So ab 14.30 Uhr. Auch für Kaffee-Muffel. Zum Kuchen gibt es in den alten Klostermauern frisch gezapftes Karmeliterbier. ○○

2 Frisch gezapftes Bönnsch!

Nein, niemand möchte Sie ärgern! Das krumme, gebogene Glas, in dem man Ihnen das frisch gezapfte Bönnsch im Brauhaus serviert, ist kein Scherz des Kellners, sondern eine Tradition des Hauses. Seit 20 Jahren trinkt man hier aus den windschiefen Gläsern das Bonner Lokalbier. Während fast überall in Deutschland untergäriges Bier gebraut wird, handelt es sich beim Bönnsch um ein obergäriges Bier, wie die rheinischen Nachbarn Kölsch und Alt oder wie das bayerische Weizenbier und die Berliner Weiße. Obergärige Hefe benötigt bei der Gärung höhere Raumtemperaturen. Nach der Fermentation schwimmt die Hefe bei obergärigem Bier als Geest auf dem Jungbier, während sie bei untergärigem Bier zu Boden sinkt. Bönnsch ist ungefiltert und stärker gehopft als Kölsch. Na dann Prost!

Unterkunft

Schon zu Zeiten der Rheinromantik verstanden es die Bonner, ihre Gäste so zu beherbergen, dass alle Wünsche erfüllt wurden und das Quartier stets zum Geldbeutel der Reisenden passte. Daran hat sich bis heute nichts geändert. Von der Jugendherberge bis zum Nobel-Hotel reicht das Angebot.

Online-Buchung von Hotels unter www.bonn-region.de.

Für höchste Ansprüche

▮ **Derag Hotel Kanzler,** Regierungsviertel, Adenauerallee 148, Tel. 6 84 40, www.deraghotels.de. Hotel auf der Museumsmeile mit Juba Wellness Temple. ○○○

▮ **Domicil,** Innenstadt, Thomas-Mann-Str. 24–26, Tel. 72 90 90, www.privathotel-domicil.de. Erstes Bonner Designerhotel in fünf historischen Häusern verschiedener Epochen, geschmackvoll verbunden mit viel Glas. ○○○

▮ **Maritim,** Regierungsviertel, Godesberger Allee, Tel. 8 10 80, www.maritim.de. Exklusives Hotel nahe den Rheinauen mit Putting Green für Golfspieler auf dem Dach und Wellnessbereich. ○○○

Das **Rheinhotel Dreesen** in Bad Godesberg ist eine Rheinromantik-Ikone mit anspruchsvollem Standard und schönster Aussicht auf das Siebengebirge. Das Gästebuch liest sich wie ein »Who is Who«. Hier logierten nicht nur Kaiser Wilhelm II. und Reichspräsident Hindenburg, sondern auch Charlie Chaplin, Marlene Dietrich und viele andere Berühmtheiten. Rheinstr. 45–49, Tel. 8 20 20, www.rheinhoteldreesen.de. ○○○

Komfortabel

▮ **Auerberg Galerie Hotel,** Auerberg, Kölnstr. 360–364, Tel. 1 84 80, www.auerberg-hotel.de. Ein Gesamtkunstwerk des Designers Scheich Raschid Al Khalifa mit außergewöhnlichem Komfort. Wellnessbereich mit Sauna, Dampfbad, Solarium. ○○○

▮ **Collegium Leoninum,** Innenstadt, Noeggerathstr. 34, Tel. 6 29 80, www.leoninum-bonn.de. Stilvolles Wohnen in einem neugotischen Gebäude, das vor wenigen Jahren noch Priesterseminar war. Großes Schwimmbad mit Sauna und Massagemöglichkeit. ○○

▮ **President Hotel,** Poppelsdorf, Clemens-August-Str. 32–36, Tel. 7 25 00, www.presidenthotel.de. Das Hotel liegt an der Ausgehmeile von Poppelsdorf, umgeben von guten Bars, Cafés und Restaurants. ○○

Günstig gelegen

▮ **Hotel Consul,** Innenstadt, Oxfordstr. 12–16, Tel. 7 29 20, www.consul-bonn.de. Modernes Haus der gehobenen Mittelklasse im Stadtzentrum. Internetzugang und Wireless LAN kostenlos nutzbar, spezielle Zimmer für Nichtraucher, Gäste mit Behinderung und Allergiker, Fahrradverleih. ○○○

▮ **Hotel Aigner,** Altstadt, Dorotheenstr. 12, Tel. 60 40 60, www.hotel-aigner.de. Zentral und ruhig gelegenes Haus mit Fahrradverleih. ○○

▮ **Hotel Eden**, Innenstadt, Am Hofgarten 6, Tel. 28 97 10, www.eden-bonn.de. Gastliches kleines Hotel mit Blick auf den Hofgarten. ○○

Romantische Lage am Rheinufer: Das exquisite Rheinhotel Dreesen

- **Hotel Rheinland,** Innenstadt, Berliner Freiheit 11, Tel. 9 08 23 90, www.rheinland-hotel.de. Hotel an der Kennedybrücke, nur wenige Schritte von Rheinpromenade und Oper entfernt. ❍❍
- **Hotel Villa Esplanade,** Innenstadt, Colmantstr. 47, Tel. 98 38 00, www.hotel-villa-esplanade.de. Gründerzeithaus im historischen Musikerviertel. Gelungene Kombination aus dem Flair vergangener Zeiten und moderner Gastlichkeit. ❍❍

Im Grünen

- **Burg Dottendorf,** Dottendorf, Villenstr. 6, Tel. 9 18 07 19, www.burgdottendorf.de. Nostalgisches Wohnen in ruhiger Stadtrandlage, nicht weit von Museumsmeile und Regierungsviertel entfernt. ❍❍
- **Cäcilienhöhe,** Bad Godesberg, Goldbergweg 17, Tel. 3 23 00 10, www.caecilienhoehe.de. Kleines Landhaushotel mit zehn modern ausgestatteten Zimmern, einige davon mit Blick auf das Siebengebirge. ❍❍
- **Schlosshotel Kommende,** Beuel-Ramersdorf, Oberkasseler Str. 10, Tel. 44 07 34, www.schlosshotel-kommende-ramersdorf.de. Der Prachtbau wurde um 1220 als Kommende des Deutschen Ritterordens gegründet, man schläft in stilvollen Zimmern unter Türmchen und Zinnen mit Blick auf Bonn. ❍❍

Für kleines Geld

- **Hotel Garni Kluth,** Duisdorf, Rochusstr. 221, Tel. 62 15 31, www.hotel-kluth.de. Kleines, familiäres Hotel in der Duisdorfer Fußgängerzone. ❍
- **Hotel Ibis,** Altstadt, Vorgebirgsstr. 33, Tel. 7 26 60, www.ibishotel.com. Praktisch eingerichtete Zimmer, am Wochenende günstige Tarife. ❍
- **Novotel,** Hardtberg, Max-Habermann-Str. 2, Tel. 2 59 90, www.novotel.com. Zeitgemäß eingerichtetes Hotel direkt am Sportzentrum Hardtberghalle mit Pool, Terrasse, Bar und Restaurant. ❍

Jugendherberge

- **Jugendherberge Bonn-Venusberg,** Haager Weg, Tel. 28 99 70, www.jugendherberge.de/jh/bonn. Alle Zimmer mit eigener Dusche und WC, davon 27 behindertenfreundlich und zwei behindertengerecht. ❍

Urlaub aktiv

Wandern

Bonn ist umgeben von herrlichen Wandergebieten. Im Stadtgebiet bieten sich die **Waldau** auf dem Venusberg und der **Naturpark Rheinland** an, nur einen Steinwurf entfernt liegen das sehr gut für Wanderer erschlossene **Siebengebirge,** die bewaldeten **Sieghöhen** und die Eifel. Der **Eifelsteig** verbindet auf 86 km in vier Etappen die schönsten Winkel der Nordeifel. Von der Ahrquelle in Blankenheim wandert man durch den jungen **Nationalpark Eifel. Jakobsweg**-Pilger finden ab Bonn-Venusberg einen gut zu laufenden Abschnitt über Bad Neuenahr, Mayen und Monreal bis zur romantischen Burg Eltz an der Mosel. Beliebt sind auch der **Rheinhöhenweg** und der **Rotweinwanderweg** im Ahrtal (35 km).

Geführte Wanderungen durch das Siegtal bietet der Verkehrsverein Windecker Ländchen e.V., Tel. 0 22 92/1 94 33, www.windeck-online.de, im Frühjahr und Herbst an.

Sanfte Anstiege – schöne Ausblicke

Tagestouren: Im Naturpark Rheinland sind Villeweg (22 km), Kappesweg (21 km) und Panoramaweg (9 km) als Tagestouren ausgewiesen. Faltblätter können unter Tel. 0 22 71/83 42 10 angefordert werden, Infos auch unter www.naturpark-rheinland.de. Karten und Wanderführer vom Eifelverein unter www.eifelverein.de.

Radfahren

Angeblich kreuzen sich in keiner anderen Stadt Deutschlands mehr Rad-

Der Rheinsteig – Deutschlands schönster Wanderweg

Prämiert als Deutschlands schönster Wanderweg 2006, ist der Rheinsteig in der Tat das Sahnestück unter den deutschen Fernwanderwegen. Auf 320 km erwandert man von Bonn aus die Wälder des Siebengebirges, übt seine Trittfestigkeit in den schroffen Felssteigen des Mittelrheintals und gelangt schließlich in die Weinberge im Rheingau, bevor am Schloss Biebrich bei Wiesbaden der Endpunkt erreicht ist. Spektakuläre Ausblicke sind garantiert, und dank vorzüglicher Wegmarkierung ist ein Verlaufen quasi unmöglich. Lohnenswerte Abstecher sind Koblenz, Lahnstein und Rüdesheim, die am Wegesrand liegen. Wer nicht gleich bis Wiesbaden wandern möchte, kann auch nur eine Etappe wählen – sogar die ersten Kilometer hinüber ins Siebengebirge sind zu empfehlen (www.rheinsteig.de).

Für Genussradler und Kilometerfresser

wege als in Bonn. Radstrecken führen durch das Bundesviertel und Bad Godesberg (20 km) oder entlang der Museumsmeile (12 km). Die Rheindorfer Route führt von Graurheindorf über die Siegmündung nach Schwarzrheindorf (13 km). Unter www.naturpark-rheinland.de findet man eine interaktive Karte für die Radwege durch den Naturpark Rheinland.

i Infos zu Routen und Thementouren wie **Wasserburgenroute** oder **Bonner Burgenrunde** unter www.wasserburgenroute.de oder bei der Bonn Information (s. S. 102).
Im Internet unter www.radroutenplaner.nrw.de. Hervorragende Infos bietet der ADFC unter www.adfc-bonn.de.
▮ **Fahrradverleih:** Am Hauptbahnhof, Quantiusstr. 26, Tel. 9 81 46 36, kann man Räder leihen. Dort kann man sein Rad auch zur sicheren Aufbewahrung in der Radstation abgeben.

★ Gästeführerin Annette Kohlmey bietet **geführte Touren** entlang des Rheins an, Tel. 02 28/35 59 00; StattReisen Bonn erleben e.V. (s. S. 32) radelt mit seinen Gästen zu den Bonner Burgen; das Hotel Europa hat Pauschalarrangements einschließlich Hotelfahrrad für ein Wochenende im Angebot. Tel. 02 28/63 30 63, www.hotel-europa-bonn.de.

Inlineskaten

Rheinauen und Rheinpromenade sind ideale Laufstrecken. Im Rheinauenpark steht die größte Halfpipe Europas, im Sommer Skaterfeste. Infos unter www.bonnskating.de.

Wassersport

Der Rheinauensee im Freizeitpark Rheinaue bietet Seglern, Ruderern oder Motorbootsportlern gute Bedingungen. Paddeltouren im Kanu oder Canadier auf der Sieg und auf dem Rhein. Für die Sieg gibt es einige Veranstalter, die geführte Touren mit Leihbooten anbieten, auf den Rhein wagen sich nur die Trainer von StattReisen Bonn erleben (s. S. 32). Surfer tummeln sich auf dem Rotter See bei Troisdorf. Auf und in einigen Seen der Ville ist Surfen, Schwimmen und Tauchen möglich.

i **Bootsverleih:** Segel- und Motorbootschule Freizeitpark Rheinaue, Tel. 02 28/23 31 32, April–Sept.; Ernst Patt, Am Bootshafen, Windeck-Dattenfeld, Tel. 0 22 92/37 05; Herrenteich, Much, Tel. 0 22 45/7 50.

Freibäder

Bei herrlichem Sommerwetter zieht es vor allem Familien mit Kindern in die Freibäder.

Hardtbergbad, Bonn-Duisdorf, In der Dehlen, Tel. 02 28/62 62 18. Hallen- und Freibad mit Riesenrutsche auf der Höhe, bei klarem Wetter reicht die Sicht bis zum Kölner Dom.

Ennertbad, Bonn-Beuel, Holtorfer Str. 40, Tel. 48 27 64. Ein idyllisch am Waldrand gelegenes Freibad.

Freibad Rüngsdorf, Bad Godesberg, Am Schwimmbad 8, Tel. 33 13 24, im Villenviertel, direkt am Rhein.

Das **Monte Mare** ist eine gelungene Kombination aus Wasserlandschaft und Wellnessresort. Die Krönung: ein 10 m tiefes Indoor-Tauchbecken. Rheinbach, Münstereifeler Str. 69, Tel. 0 22 26/ 9 03 00, www.monte-mare.de.

Das Schwimmen im Rhein ist sehr gefährlich! Die Strömung ist heftig, Schiffe können einen unberechenbaren Sog erzeugen, und es lauern Strudel und Unterströmungen.

Reiten

Alle Reitställe, Reitschulen und Reitvereine in Bonn und Umgebung findet man unter: www.reiten-in-bonn.de. Wer nicht selbst reiten will, kann im Umland Ausfahrten mit Kutsche und Planwagen genießen:

Dorfstübchen, Eitorf-Alzenbach, Tel. 0 22 43/63 75

Familie Schmelzer, Hennef, Tel. 0 22 48/26 25

Gut Ommenroth, Waldbröl, Tel. 0 22 92/44 24

Klettern

Geklettert wird überwiegend in Hallen, dank Kletterturm in Bad Godesberg seit kurzem auch draußen.

Kletterhalle BronxRock, Wesseling, Vorgebirgsstraße 5, Tel. 0 22 36/89 05 70, www.bronxrock.de. Deutschlands größte Kletterhalle mit jeweils eigenen Bereichen für Kinder, Freizeitkletterer und Extremsportler, mit Boulderfläche.

Der **Seilpark Mittelrhein** bietet ein Kletter- und Abseilparadies an den Pfeilern einer nie fertig gebauten Ahrtalbrücke. Bad Neuenahr-Ahrweiler, Tel. 0 26 41/22 27, www.seilpark.de.

Fliegen

Bonn ist ein guter Ausgangspunkt für einen Flug mit dem **Segelflugzeug, Motorflugzeug** oder **Hubschrauber.** Die Flugplätze in Köln-Porz-Wahn, Sankt Augustin-Hangelar und Bad Neuenahr-Bengen sind in knapp 30 Min. erreichbar.

Eventflug, Tel. 02 28/9 45 85 93, www.rundflug24.com. Rundflüge mit der legendären Junkers Ju-52, der »Tante Ju«, dem Buschflugzeug Beaver, Doppeldeckern und Helikoptern.

Luftfahrerschule Hangelar GmbH, Tel. 0 22 41/92 70 31, www.flugschule-hangelar.de. Rundflüge für maximal drei Personen mit Cessnas.

Rundflug Welt, www.rundflug-welt.de, Rundflüge für zwei Personen.

Drachen- und Gleitschirmfliegen

Fürs Drachenfliegen eignen sich die Hänge im Siegtal ideal. Daher fahren auch die Bonner nach Eitorf oder zum »Alten Stuhl« nach Windeck-Hurst.

Gleitschirmflieger starten u. a. am Krauskopf und an der Winde am Hohen Unkel.

Delta Club Rheinland e.V., Klaus Schröter, Weinbergstr. 2, Eitorf, Tel. 0 22 43/8 19 57.

- **Drachenfliegen vom »Alten Stuhl«,** H. Engelbert, Windeck-Hurst, Tel. 0 22 92/15 94.
- **DGC Siebengebirge,** Hartmut Schlegel, Hatschiergasse 23, Bonn, Tel. 02 28/63 09 48, www.dgc-siebengebirge.de.

Stadtführungen und -rundfahrten

»Weg der Demokratie«, »Beethoven zum Anbeißen« oder »Alter Friedhof« – die Auswahl an unterhaltsamen und außergewöhnlichen Stadttouren ist groß, ob man zu Fuß geht, lieber im Bus oder gar Taxi sitzt, oder aber Bonn per Rad entdecken möchte.

Bonn Information, Windeckstr. 1, Tel. 1 94 33, www.bonn.de. Das Städtische Tourismusbüro organisiert die große Stadtrundfahrt mit dem Cabriobus, Stadtrundgänge, Themenführungen und geführte Radtouren am Rhein.

- **StattReisen Bonn erleben e.V.,** Hauptbahnhof, Tel. 2 42 52 56, www.stattreisen-bonn.de. Außergewöhnliche Führungen zu Fuß und mit dem Fahrrad zu speziellen und spannenden Themen wie Spionage oder Beethoven privat.
- **Bonner Taxi-Guide:** Unter der Rufnummer 55 55 55 kann 24 Stunden am Tag ein Taxi-Guide gebucht werden. Es werden touristisch geschulte Taxifahrer eingesetzt, Fotostopps sind jederzeit möglich. Bonn Kompakt (30 Min.), Bonn Plus (1 Std.).

Hits für Kids

Von wegen Langeweile! Bonn bietet Kindern jede Menge Abwechslung, und das nicht nur im nahe gelegenen **Phantasialand** in Brühl, einem der größten Freizeitparadiese Europas. Die Bonner **Museen** haben sich längst auf ein junges, neugieriges Publikum eingestellt, spezielle Führungen und ein buntes Ferienprogramm entwickelt.

Für Theaterfans gibt es das **Junge Theater** in Beuel, das auf ganz zauberhafte Weise Jim Knopf, Ronja Räubertochter oder Tintenherz inszeniert (s. S. 70). Oder das **Theater Die Raben,** in dem lustige Figurentheaterstücke Kinderherzen verzaubern (Beuel, Auguststr. 10, Tel. 47 67 27).

Ein Hit sind auch die **Fahrradrallyes von Kindern für Kinder.** Die Beschreibungen der jeweils zwölf Stationen in der Bonner Nordstadt, in Bad Godesberg, Beuel und auf dem Brüser Berg gibt es u. a. bei der Bonn Information (s. oben) und unter www.bonn.de (Suchbegriff »Fahrradrallye«).

Weitere 500 Tipps für Aktivitäten und Ausflüge in Bonn und Umgebung, speziell für Kinder zwischen 3 und 13 Jahren, in dem Buch **Rheinland mit Kindern** von Ingrid Retterath.

Einkaufen

Bonn gilt als Einkaufsstadt der kurzen Wege, und tatsächlich befinden sich die wichtigsten Einkaufsstraßen und Passagen innerhalb des so genannten City-Rings, zwischen Hauptbahnhof und Oper. In den Straßen und Gässchen rund um den Marktplatz findet man unzählige Geschäfte, die Sternstraße ist dabei die bekannteste Einkaufsmeile Bonns. Zunehmend siedeln sich auch in der Friedrichstraße exquisite kleine Läden mit ausgefallenem Angebot an. Vergnüglich bummeln lässt sich auch in Bad Godesberg, zu Füßen der historischen Burganlage.

Im **Bonner Einkaufsführer** (6 €) stellt die Mannschaft der Bonner Illustrierten jährlich die 300 besten Shopping-Tipps aus Bonn und Umgebung zusammen: Mode, Design und Kuriositäten!

Antiquitäten

- **Antik-Uhren Gantner,** Altstadt, Breite Str. 50, Tel. 65 71 85. Die schönsten antiken Stand-, Wand- und Tischuhren werden hier fachmännisch aufgearbeitet.
- **Antiquitätenschmiede,** Bad Godesberg, Bonner Str. 23, Tel. 4 33 16 59. Möbel und Wohnaccessoires in einer alten Hufschmiede.

Bücher

- **Bouvier,** Innenstadt, Am Hof 32, Tel. 72 90 10. Der bekannteste Buchladen Bonns organisiert viele Lesungen und hat ein gemütliches Schmökercafé.
- **Büchergilde Buch & Grafik,** Altstadt, Breite Str. 47, Tel. 63 67 50. Hier darf man bei einer Tasse Kaffee ein Buch anlesen, bevor man es kauft. Kompetente Beratung und gute Reiseliteratur.
- **Buchladen 46,** Innenstadt, Kaiserstr. 46, Tel. 22 36 08. Handverlesene Literatur fern der Bestsellerlisten.

Delikatessen

- **Le Provençal,** Altstadt, Annagraben 49, Tel. 63 27 12. Essig-, Öl- und Senfspezialitäten, Konfitüren und Wein aus Südfrankreich, dazu dekoratives Geschirr und Olivenholzartikel aus der Provence.
- **Der Weinladen am Aennchen,** Bad Godesberg, Aennchenplatz 2, Tel. 4 33 14 20. Erstklassige internationale Weine und Bioweine, Sekt, Obstbrände, Liköre und Feinkostspezialitäten.
- **Kaffeerösterei Weidenbrück,** Innenstadt, Sternstr. 58, Tel. 65 14 75. Frisch gerösteter Kaffee, eine exquisite Auswahl an Tees und Kakaos und Pralinenpackungen mit Bonn- und Beethoven-Motiven. Der Renner sind die Beethoven-Marzipanbüsten.

Mitbringsel

- **Beethoven:** Überall in Bonn, besonders aber im Beethovenhaus, gibt es CDs, Partituren, Büsten und weitere wertvolle und kitschige Andenken an den berühmtesten Sohn der Stadt.
- **Bönnsch:** Im Brauhaus Bönnsch (s. S. 26) schmeckt das Bier vom Fass am besten. Wer ein Andenken mitnehmen möchte, kann dort auch die einzigartigen Bönnsch-Gläser, den Schwarzkirschbrand Bönnsch Kirsch und Bier in der Bügelflasche kaufen.

▮ **Haribo:** Bonn ist immer noch Hauptstadt – zumindest für Naschmäuler. Die Abkürzung steht für Hans Riegel Bonn, und hier in Bonn werden auch die vielen Gummibären und Lakritzsorten produziert, darunter das Bonner Gold, Klassiker unter den Lakritzstangen. Werksverkauf: In Kessenich, Hans-Riegel-Str. 1, Tel. 9 09 29 30.

Galerien

▮ **Galeria Galeano,** Altstadt, Wolfstr. 47, Tel. 63 58 89. Im Herzen der Altstadt bietet das Kunstcafé die Gelegenheit, ungezwungen bei einer Tasse Cappuccino Kunst zu betrachten, lokale Künstler zu treffen oder bei den vielen Skulpturen, Bildern und Rahmen genau das Richtige für die eigenen vier Wände zu finden.

▮ **Galerie Cramer,** Südstadt, Poppelsdorfer Allee 58a, Tel. 63 44 65. Bilder und Objekte zeitgenössischer Künstler in einem alten Bonner Bürgerhaus.

▮ **Turm-Galerie Bonn,** Wachtberg-Berkum, Am Bollwerk 12, Tel. 34 08 11. Die Galerie am Bonner Stadtrand zeigt Werke lokaler und internationaler Künstler in der alten Berkumer Volksschule.

Wohnen

▮ **Bilder Manufaktur Bonn,** Innenstadt, Kaiserplatz 17, Tel. 22 11 77. Freie Auswahl für das lange gesuchte Bild: Aus über 18 000 Bildern sucht man seinen Favoriten aus, bestimmt Bildgröße und Rahmen, dann wird es rasterfrei auf Leinwand, Hochglanzpapier oder andere Stoffe gedruckt.

▮ **Lila Laden,** Innenstadt, Stockenstr. 6, Tel. 65 07 55. Handverlesener und ausgefallener Raumschmuck – nicht nur in Lila!

Trödelmarkt in den Rheinauen

Originelles und Spezielles

▮ **Bonner Comic Laden,** Innenstadt, Oxfordstr. 17, Tel. 55 08 20. Beeindruckendes Angebot, Sammler reisen von weit her an.

▮ **Puppenkönig,** Innenstadt, Gangolfstr. 8–10, Tel. 98 55 50. Das Traditionshaus für Spielwaren.

▮ **Vollmar,** Innenstadt, Sternstr. 64, Tel. 63 79 01. Die Parfümerie und Lingerie ist allein wegen ihrer barocken Einrichtung aus dem späten 18. Jh. sehenswert. Am Duftcounter kann die Nase auch Seltenes genießen, die Inhaber sind immer um fast vergessene Düfte bemüht.

Märkte

▮ **Trödelmarkt** in den Rheinauen am 3. Sa im Monat von April–Okt.

▮ **Wochenmärkte:** Der größte Wochenmarkt findet fast tgl. in der Innenstadt vor dem Rathaus statt, Mo–Fr 8–18.30, Sa 8–16 Uhr. Wochenmärkte in Bad Godesberg, Moltkeplatz, Di, Do, Sa 8–13; in Beuel, Kirche, Mi, Fr 8–18.30; in Duisdorf, Schickshof, Di, Fr, Sa 8–13 Uhr.

Bonn am Abend

Die Abkürzung BONN stand lange für: »Bundesdorf ohne nennenswertes Nachtleben!«. In den 1970er bis 1990er Jahren galt Bonn als langweilige Diplomatenstadt, in der kurz nach Geschäftsschluss die Bürgersteige hochgeklappt wurden. Davon kann inzwischen längst nicht mehr die Rede sein. Abends und nachts hat die Stadt für jedes Alter, jeden Geschmack und jeden Geldbeutel etwas zu bieten.

Bühnen

- **Beethovenhalle,** Innenstadt, Wachsbleiche 16, Tel. 7 22 20, www.beethovenhalle.de. Sitz des Beethovenorchesters und Veranstaltungsort für die alljährlichen Beethovenfeste.
- **Brückenforum,** Beuel, Friedrich-Breuer-Str. (direkt an der Kennedybrücke), Tel. 4 22 00 77, www.brueckenforum.de. Hier gehen die Größen von Pop und Rock ein und aus, außerdem auf dem Programm: Bälle, Partys, Tanzshows und Comedy.
- **Contra-Kreis-Theater,** Innenstadt, Am Hof 3–5, Tel. 63 23 07, www.contra-kreis-theater.de. Hier sitzen die Zuschauer fast im Kreis, wenn sie Komödien und Comedy genießen.
- **die bühne in der brotfabrik,** Beuel, Kreuzstr. 16, Tel. 42 13 10, www.brotfabrik-theater.de. Musik, Theater, Workshops und Tanz für Erwachsene und Kinder.
- **Haus der Springmaus,** Endenich, Frongasse 8, Tel. 79 80 81, www.springmaus-theater.de. Hier ist das berühmte Springmaus-Improvisationstheater zuhause. Auch: Kabarett, Comedy, Chanson und A-cappella.
- **Junges Theater,** Beuel, Hermannstr. 50, Tel. 46 36 72, www.junges-theater-bonn.de. Musicals für Kinder, Jugendliche und Junggebliebene.
- **Opernhaus,** Innenstadt, Am Boeselagerhof 1, Tel. 77 80 00, www.oper.bonn.de. Klassische und moderne Opern, choreografisches Theater und Konzerte.
- **Theater im Keller,** Duisdorf, Rochusstr. 30, Tel. 61 65 11, www.tik-bonn.de. Etabliertes Zimmertheater mit Kleinkunst, Kabarett, Kinder- und experimentellem Theater.

Kartenvorverkauf jeweils an den Spielstätten und durch Bonnticket, Tourismus und Congress GmbH, Adenauerallee 131, Ticket-Hotline 01 80/5 00 18 12, www.bonnticket.de.

Bars und Discos

- **Bla,** Altstadt, Bornheimer Str. 20 bis 22, Tel. 63 93 89, www.bla-bonn.de. Gemütliche Bar mit angenehm gemischtem Publikum um die 30 Jahre. So–Do 15–3, Fr, Sa 15–5 Uhr.
- **Carpe Noctem,** Innenstadt, Wesselstr. 5, Tel. 65 79 71, www.carpe-noctem.tv. Der frühere Treffpunkt der alternativen Szene ist inzwischen fester Bestandteil des Bonner Nachtlebens. So um 6 Uhr After Hour »Mornin' Sounds«. Mo, Di, Do, Fr, Sa 22–4 Uhr.
- **Die Falle,** Innenstadt, Belderberg 15, Tel. 69 21 21, www.diefalle.de. Seit Jahrzehnten die beliebteste Studentendisco; man geht »aus der Falle in die Falle«. Mi, Fr, Sa ab 22 Uhr.
- **Jazz-Galerie,** Innenstadt, Oxfordstr. 24, Tel. 65 06 62. Tanzschuppen mit weit weniger Jazz, als der Name vermuten lässt, dafür

Von wegen kein nennenswertes Nachtleben in Bonn

Dance, 80er, Charts, Body & Soul. Di–Sa ab 21 Uhr.

▮ **Klangstation,** Bad Godesberg, Moltkestr. 43, Tel. 3 62 08 30, www.klangstation.de. Beliebter Treff für Partygänger, die handgemachte Musik von Jazz bis Heavy Metal bevorzugen.

▮ **N8schicht,** Innenstadt, Bornheimer Str. 20–22, Tel. 9 63 83 08, www.n8schicht.de. Hier tanzen Leute von 18 bis 30 Jahre je nach Wochentag auf Disco- oder Rockmusik, Charts und Gothic. Mi, Do, So 22–4, Fr, Sa 22–5 Uhr, So zusätzlich ab 6 Uhr »Mornin' Sounds« zusammen mit Carpe Noctem (s. S. 35).

▮ **Tiefenrausch,** Innenstadt, Bertha-von-Suttner-Platz 25, Tel. 3 36 86 05, www.tiefenrausch.de.com.
Der Spezialist für House-Partys zog 2005 von Köln nach Bonn. Hier fühlen sich stylish ebenso wie sportlich gekleidete Gäste wohl. Mi ab 22, Fr, Sa ab 23 Uhr.

Kinos

▮ **Kinemathek,** Beuel, Kreuzstr. 16, Tel. 46 97 21, www.bonner kinemathek.de. Das Kino in der Brotfabrik stellt für sein großes Stammpublikum ein anspruchsvolles Programm zusammen. Im Sommer Open-Air-Filmnächte auf dem Museumsplatz.

▮ **Neue Filmbühne,** Beuel, Friedrich-Breuer-Str. 68–70, Tel. 46 97 90, www.rex-filmbuehne.de. Kulturell orientiertes Programmkino mit Schwerpunkt bei deutschen und europäischen Produktionen.

▮ **Rex-Lichtspieltheater,** Endenich, Frongasse 9, Tel. 62 23 30, www.rex-filmbuehne.de. Programmkino für den europäischen Film, sehr an Bildungsarbeit durch Kino interessiert.

▮ **Woki,** Innenstadt, Bertha-von-Suttner-Platz 1–7, Tel. 9 76 82 00, www.woki.de. Großes Kino für kleines Geld, der Filmpalast wirbt mit der größten Leinwand in Bonn. Filmpalast und Atelier mit Loveseats, auf denen Pärchen ohne störende Armlehne sitzen können.

i **Ansagedienst** für das Kinoprogramm, Tel. 01 90/11 52 28.

Sternwarte

▮ **Bonner Sternenhimmel,** Sternwarte Bonn, Endenich, Auf dem Hügel 71, www.volkssternwarte-bonn.de. Öffentliche Sternführung jeden zweiten Fr von Nov.–März um 19.30 Uhr. Alle drei bis vier Wochen donnerstags hochkarätige Vorträge zu astronomischen Themen.

▮ **Refraktorium,** Alte Sternwarte, Poppelsdorfer Allee 47, Tel. 22 22 70. Jeden Montagabend von 18–19 Uhr Programm: von Nov.–März bei klarem Himmel um 19.30 Uhr Sternführung; von April–Sept. bei klarem Wetter Sonnenbeobachtung. Ausstellung und Bibliothek sind geöffnet.

Verkehrsmittel

Anreise

Shuttle vom Flughafen

Vom **Flughafen Köln/Bonn** (www.airport-cgn.de, Tel. 0 22 03/4 01) fährt zwischen 5.30 Uhr und 23.30 Uhr der Airport-Bus (Linie 670) das Innenministerium, die Beethovenhalle, den Markt und den Hauptbahnhof an.

Mit der Bahn

An der rechtsrheinischen Strecke Köln-Rhein/Main liegen die Bahnhöfe **Bonn-Beuel** und **Bonn-Oberkassel,** nächstgelegener ICE-Haltepunkt ist Siegburg. **Bonn Hauptbahnhof, Bonn-Bad Godesberg** und **Bonn-Mehlem** sind Haltepunkte auf der idyllischen linksrheinischen Strecke, die von Köln über Brühl, Bonn, Remagen, Koblenz und Bingen nach Mainz führt. Bonn Hauptbahnhof ist zugleich Endpunkt der Voreifelbahn von Euskirchen.

In Bonn

Mit Auto und Motorrad

In der Innenstadt sind kostenfreie Parkplätze rar. Parkhäuser sind gut ausgeschildert und meist bis 1 Uhr nachts geöffnet. Das Stadthaus-Parkhaus an der Oxfordstr. (Einfahrt über Max- und Weiherstr.) ist durchgehend geöffnet und kostet bei Einfahrt nach 19 Uhr für die ganze Nacht nur 1 €.

Mit öffentlichen Verkehrsmitteln

Die sechs Stadtbahn-, 30 Bus- und neun Nachtbuslinien werden von den Stadtwerken Bonn (SWB) im Verkehrsverbund Rhein-Sieg betrieben.

i Aktuelle Fahrpläne und Informationen zum Tarifsystem

Auto überflüssig!

finden Sie unter www.vrsinfo.de, oder Sie erhalten Auskunft bei der »schlauen Nummer«, Tel. 0 18 03/50 40 30.

Im Preis der **Bonn Regio Welcome Card** ist der Eintritt zu 20 Museen enthalten, außerdem die Fahrten mit öffentlichen Verkehrsmitteln bis nach Köln und zum Flughafen. Einzelpersonen zahlen für 24 Std. 9 €, 48 Std. 14 €, 72 Std. 19 €; für jeweils den doppelten Betrag wird es für Kleingruppen von drei Erwachsenen oder Familien von zwei Erwachsenen und zwei Kindern (bis 14 Jahre) nochmals günstiger. ADAC-Mitglieder erhalten einen weiteren Rabatt.

Mit der Fähre

Das Bonner Stadtgebiet wird vom Rhein durchschnitten. Parallel zu den Brücken der A562, A565 und B56 verkehren Autofähren: **Bad Godesberg–Niederdollendorf** und **Königswinter–Bad Godesberg-Mehlem,** beide tgl. 5.45–21.45, So ab 7.45 Uhr, **Mondorf–Graurheindorf,** Mo–Fr 6.30–19, Sa 10 bis 18, So 10–17 Uhr, und **Rolandseck–Bad Honnef,** tgl. 6.30–21, So ab 8 Uhr. Ferner eine Personenfähre **Bonn–Beuel,** tgl. 7.10–19.30, So ab 9 Uhr.

Mit dem Fahrrad

Bonn trägt den Auszeichnung »Fahrradfreundliche Stadt in NRW«. **Radstation** Bonn hinter dem Hauptbahnhof, Leihräder Mo–Fr 6–22.30, Sa 7 bis 22.30, So/Fei 8–22.30 Uhr.

Weg 1

Die City

****Münsterplatz → ***Beethovenhaus → *Markt → *Altes Rathaus → *Hofgarten → **Münsterbasilika**

In der City liegen die wichtigsten Sehenswürdigkeiten Bonns, hier spielt sich ein Teil des studentischen Lebens ab, locken urige Kneipen – und der beliebte bunte Wochenmarkt. Die Wege sind kurz, für den Spaziergang brauchen Sie anderthalb Stunden. Aber Vorsicht: Schnell wird ein ganzer Tag draus! Der Rundgang beginnt am Hauptportal des Hauptbahnhofs.

Während das unter Denkmalschutz stehende, 1884 fertig gestellte Empfangsgebäude des **Hauptbahnhofs** ❶ durchaus sehenswert ist, wurde der in den 1970er Jahren neu gestaltete und wenig ansprechende Bahnhofsvorplatz verächtlich als »Bonner Loch« bezeichnet.

**Münsterplatz ❷

Vor der **Hauptpost** im ehemaligen Fürstenberg'schen Palais befindet sich das älteste **Beethoven-Denkmal** der Stadt. Der Komponist blickt nach oben, ganz so, als warte er auf Inspiration, um die Noten dann sogleich zu Papier zu bringen. Unten, am Sockel, versinnbildlichen die Reliefs die vier Gattungen seiner Musik: die Kirchenmusik, die Sinfonie, die Oper und die

Bonner Gemütlichkeit auf geschichtsträchtigem Boden vor dem Rathaus

Sportevent vor ungewöhnlicher Kulisse

freie Behandlung der Sonatenform, die »Fantasie«. Bei der feierlichen Einweihung des Denkmals am 22. August 1845 kam es zu einer peinlichen Situation: König Friedrich Wilhelm III. von Preußen und Königin Victoria von England hatten bei seiner Einweihung Ehrenplätze auf dem Palaisbalkon. Doch nach seiner Enthüllung drehte Beethoven den hohen Besuchern den Rücken zu, wie unschicklich!

Hähnchen, Münsterplatz 21, Tel. 65 20 39, Bonner Traditionshaus mit rheinischer Küche, Nudelgerichten und knackigen Salaten. ○○

Bottlerplatz

Gegenüber der »Bonn Information« (s. S. 32) liegt das **Alte Stadthaus** ❸, 1920 auf Anordnung der französischen Besatzer als Verwaltungsgebäude erbaut. In dem auffälligen Gebäude ist heute u. a. die Stadtbücherei untergebracht.

1 Karte Seite 46

1
Karte Seite 46

Das **Sterntor** ❹ vermittelt dem Betrachter den Eindruck, als stimme etwas nicht. Und tatsächlich: Es stören die Geschäftshäuser unmittelbar hinter dem Tor, eine Durchfahrt ist gar nicht möglich. Das Sterntor stand ursprünglich auch ganz woanders: und zwar am Ende der Sternstraße auf dem Friedensplatz. Die enge Tordurchfahrt behinderte jedoch den Straßenverkehr so stark, dass das Tor 1898 für den Bau der Straßenbahn abgebaut und an den alten Halbturm am Bottlerplatz angefügt wurde. Tor und Turm gehören zu den wenigen Resten der um 1245 geschaffenen Stadtbefestigung. Vom Springbrunnen vor dem Sterntor führt ein Wasserlauf zur **Löwensäule**, die früher auf dem Münsterplatz stand und von den Bonnern liebevoll »steinernes Wölfchen« genannt wird. Ein paar Stufen weiter oben sprudelt frisches Trinkwasser aus einem künstlerisch gestalteten Trinkwasserbrunnen.

Zum Gequetschten, Sternstr. 78, Tel. 63 81 04. Traditionshaus mit deftiger Kost und einer Terrasse mit Blick auf Friedensplatz und Sterntor. Das urige Gasthaus hieß lange »Zum Gequetschten Heiland«: Nach der Fronleichnamsprozession kehrten hier die durstigen Pilger ein und versteckten das Kruzifix hinter der Tür. Irgendwann wurde die Tür zu hastig aufgerissen, das Kruzifix gegen die Wand gedrückt und dem bedauernswerten gekreuzigten Jesus auch noch der Arm abgequetscht. ❍❍

Bonngasse – Straße der Prominenten

Bevor man über Friedensplatz und Friedrichstraße weitergeht Richtung Bonngasse, lohnt ein Abstecher zum **Brauhaus Bönnsch** ❺, Sterntorbrücke 4 (s. S. 26), in dem man auch zünftig essen kann.

Die Bonngasse, in der Ludwig van Beethoven das Licht der Welt erblickte, wird auch »Straße der Prominenten« genannt: Für viele Bonner Berühmtheiten wie Robert und Clara Schumann, den Gartenarchitekten Peter Joseph Lenné, Kurfürst Clemens August, Alexander Koenig, Marie Kahle (Widerständlerin während des Dritten Reiches, die Juden vor der Gestapo schützte), Ernst Moritz Arndt, Willy Brandt und natürlich Ludwig van Beethoven sind **Gedenktafeln** in den Boden eingelassen.

Weinhaus Jacobs, Friedrichstr. 18, Tel. 63 73 53. Historische Weinstube von 1845 mit 40 Schoppenweinen aus deutschen Anbaugebieten und den dazu passenden Gerichten wie gebackener Camembert oder Pfälzer Saumagen. ❍❍

Das steinerne Wölfchen

Die steinerne Skulptur neben dem Sterntor zeigt einen Löwen im Kampf mit einem Eber. Im Altertum galt der Löwe als Symbol für Mut und Stärke, als Wächter über den Thron und die Stadt. Im Mittelalter wurde er auch zum Wächter des Rechts. Und so bildete ein Löwe das Gerichtssymbol der Kurfürsten von Köln und ziert bis heute den unteren Teil des Bonner Wappens. Da der Löwe aber auf den ersten Blick eher wie ein Wolf wirkt, verwundert es kaum, dass die Bonner ihren Löwen liebevoll »steinernes Wölfchen« oder »Bonner Wölfchen« nennen.

1
Karte Seite 46

***Beethoven-Haus ❻

Ludwig van Beethoven wurde 1770 im Hinterhaus des heutigen Museums in der Bonngasse 20 geboren, sein genaues Geburtsdatum ist jedoch nicht bekannt. Schon früh erkannte der ehrgeizige und strenge Vater, selbst Musiker von Beruf, das Talent seines Sohnes. Mit Blick auf das berühmte Wunderkind Wolfgang Amadeus Mozart versuchte der Vater aus Ludwig ebenfalls ein Wunderkind zu machen. Angeblich soll der längst dem Alkohol verfallene Vater Ludwig sogar nachts aus dem Bett geholt haben, damit der Junge Besuchern seine Klavierkünste demonstrierte. Die Folge waren Müdigkeit und Konzentrationsmangel am Tage. Schon mit elf Jahren verließ Ludwig van Beethoven die Schule!

Als Joseph Haydn den 17-jährigen Ludwig in der Redoute spielen hörte, überredete er ihn, zum Musikstudium nach Wien zu kommen. Diese Reise brach Beethoven ab, als er von der schweren Krankheit seiner innig geliebten Mutter erfuhr. Nach ihrem Tod kümmerte er sich um seine Brüder und verließ erst als 22-Jähriger endgültig seine Heimatstadt. Schon mit 25 Jahren ließ Beethovens Hörvermögen stark nach, mit 30 Jahren war er vollständig ertaubt. Grund dafür könnte eine nicht bemerkte Mittelohrentzündung gewesen sein, an der er als 5-Jähriger erkrankt war. Fortan verständigte Beethoven sich mit seinen Freunden und Bediensteten durch Konversationsbücher, in die er deren Fragen und Bemerkungen schreiben ließ. Sie gewähren heute einen einmaligen Einblick in die Gespräche des berühmten Komponisten.

Das Beethoven-Haus wurde bereits 1893 als Gedenkstätte eröffnet und ist seither bedeutender Treffpunkt für musikgeschichtlich Interessierte. Unter seinem Dach findet sich eine der größten und vielfältigsten Beethoven-Sammlungen. Die Dauerausstellung wird ergänzt durch Sonderausstellungen zu einzelnen Aspekten aus Beethovens Biografie. Ein besonderes Erlebnis ist ein Besuch im digitalen Beethovenhaus. In dem Studio taucht man an vier Doppel- und acht Einzel-Rechnerplätzen in eine einzigartige audiovisuelle Erlebniswelt mit Klangbeispielen zu allen Werken, Hörbriefen und virtuellen Ausstellungen ein. Im benachbarten Kammermusiksaal finden regelmäßig hochkarätige Konzerte statt (Tel. 9 81 75 25, www.beethoven-haus-bonn.de, 1. April bis 31. Okt. Mo–Sa 10–18, So, Fei 11–18, 1. Nov.–31. März Mo–Sa 10–17, So, Fei 11–17 Uhr). Beethoven-Rundgang siehe Exkurs S. 42.

Geburtshaus eines Musikgenies

Im Stiefel, Bonngasse 30, Tel. 69 65 96. Treffpunkt der Karnevalsvereine und Bönnsch-Muttersprachler. Hier fällt es schwer, sich zwischen dem köstlichen Himmel & Ääd und frischen Muscheln zu entscheiden. OO

1
Karte Seite 46

Treffpunkt für Bönnsch-Muttersprachler

Am Markt

Bevor man zum Markt gelangt, lohnt in der Bonngasse 6–8 ein Blick in die **Namen-Jesu-Kirche ❼**, eine Jesuitenkirche, die 1717 von Kurfürst Joseph Clemens eingeweiht wurde. Die barocke, von massigen Türmen flankierte Fassade zählt zu den schönsten des Rheinlands. Genau gegenüber lag das Jesuitengymnasium, das Beethoven besuchte. 1774 nahm im selben Gebäude die Maxsche Akademie ihren Betrieb auf, die 1786 zur ersten Bonner Universität erhoben wurde.

Auf dem Bonner ***Markt ❽** pulsiert das Leben. Täglich außer sonntags stehen hier die Marktstände dicht an dicht. Um 17.30 Uhr beginnt die »Schreistunde«, in der die Händler ihre Waren lautstark und zu erheblich reduzierten Preisen anpreisen, um sie nicht wieder einpacken zu müssen. Um 18 Uhr muss der Markt abgebaut sein. Dann hat man vielleicht mehr Ruhe, den Brunnen zu betrachten, der dem Kurfürsten Max Friedrich gewidmet ist. Zwar war sein Vorgänger Clemens August dank der prachtvollen Prunkbauten, die er errichten ließ, der Bekanntere von beiden. Max Friedrich wurde von den Bonner Bürgern hingegen wegen seiner Sparsamkeit ge-

Auf den Spuren Beethovens

Ein Stadtrundgang, der sich ganz und gar dem Komponisten Ludwig van Beethoven widmet, beginnt am Beethovendenkmal auf dem Münsterplatz. In der Münsterbasilika spielte der junge Beethoven als stellvertretender Hoforganist die Orgel, während sein Vater als Sänger im Residenzschloss beschäftigt war. Das Gasthaus »Em Höttche« neben dem Alten Rathaus hieß noch »Zur Blomen«, als Beethoven sich hier mit der schönen Babette Koch zum Tanz traf. Die Kirche St. Remigius ist für Beethovenfans gleich in zweifacher Hinsicht von Bedeutung: Im Seitenschiff ist der Taufstein zu sehen, über dem Ludwig am 17. Dezember 1770 getauft wurde; als Zehnjähriger spielte er hier zur Frühmesse die Orgel. Das Beethovenhaus ist zweifellos der Höhepunkt des Rundgangs. Wer jetzt immer noch Elan hat, besichtigt die Betonskulptur Beethon vor der Beethovenhalle, besucht das Grab von Beethovens Mutter auf dem Alten Friedhof oder fährt gar noch zur Redoute in Bad Godesberg, wo Beethoven vor Joseph Haydn musizierte (Heft mit Wegbeschreibung kostenlos bei den Touristeninformationen).

schätzt. Sie bedankten sich mit diesem Brunnen für seine Regentschaft.

Vom Marktplatz sind es nur wenige Schritte zur »neuen« **St. Remigiuskirche ❾** in der Brüdergasse. Die alte Remigiuskirche wurde während der Säkularisierung abgerissen, die Gläubigen konnten jedoch die Kanzel und den Taufstein retten, über dem Beethoven getauft wurde. Während die Kanzel nun im Münster zu sehen ist, befindet sich der Taufstein in der neuen St. Remigiuskirche, einer ehemaligen Minoriten-Kirche (auch Brüderkirche genannt). Dass die Kirche keinen Turm besitzt, liegt am Armutsgelübde des Ordens, der keine finanziellen Mittel für den Turmbau besaß.

Beim **Bonner Sommer** wird der Marktplatz zur Bühne für Rockbands, Popgruppen oder Bluesmusiker, die vor der wunderschönen Kulisse Konzerte geben.

*Altes Rathaus ❿

Den Grundstein für das Alte Rathaus legte Kurfürst Clemens August höchstpersönlich. Ob er schon ahnte, wie viele Kaiser, Könige, Präsidenten und Popstars von der Freitreppe winken würden? Bei der Revolution 1848 schwang Gottfried Kinkel hier bei seiner revolutionären Rede die schwarz-rot-goldene Fahne. Der erste Bundespräsident, Theodor Heuss, trat 1949 am Abend seiner Wahl vor die Bonner. De Gaulle, John F. Kennedy, Königin Elisabeth II., Nelson Mandela und Michail Gorbatschow wurden auf der Treppe bejubelt. Bei genauer Betrachtung der Rathaustreppe mit ihren vergoldeten Gittern erkennt man, dass die Ornamente die vier Jahreszeiten symbolisieren. Das hübsche dreistöckige Gebäude mit seiner rosa Rokoko-Fassade wurde 1944 schwer beschädigt, nach seinem Wiederaufbau war es noch bis 1978 Sitz der Bonner Stadtverwaltung, inzwischen dient es nur noch repräsentativen Zwecken. Besichtigungen der Innenräume nur im Rahmen einer Führung (Mai–Okt., 1. Sa im Monat, 12–16 Uhr).

Markttreiben im Herzen der Stadt

1
Karte Seite 46

Em Höttche, Markt 4, Tel. 69 00 08, www.em-hoettche.de. Historisches Gasthaus von 1389, in dem der junge Beethoven regelmäßig zu Gast war. Eine Besonderheit ist die so genannte Kölner Decke, bei der die tragenden Balken mit Stuck verkleidet sind. Nur hier gibt es Höttche's Kirschbrand aus der Bonner Schattenmorelle. ❍❍

StadtMuseum Bonn ⓫

Wer sich eingehender mit der 2000-jährigen Bonner Stadtgeschichte beschäftigen möchte, sollte das Stadt-Museum in der Franziskanerstraße 9 besuchen. Schwerpunkt der Dauerausstellung ist das 18. und 19. Jh. Aus dieser Zeit erreichten das Museum zahlreiche Schenkungen Bonner Bürger. In vier Sonderräumen werden die Themen Bonner Firmen, Musik, Literatur und Stadtentwicklung behandelt (Tel. 77 20 94, www.bonn.de/Stadtmuseum). Im gleichen Haus ist

1
Karte Seite 46

Vom Lustgarten der Kurfürsten zum Uni-Campus der Studenten

die **Gedenkstätte für die Bonner Opfer des Nationalsozialismus** untergebracht, eine Dauerausstellung zum Thema Verfolgung und Gewalt, in der besonders die dargestellten Einzelschicksale von Bonnern, die verfolgt, inhaftiert oder ermordet wurden, sehr nachdenklich stimmen (Mo 9.30–14, Do–Sa 13–18, So 11.30–17 Uhr).

Im Uni-Viertel

Vom Stadtmuseum sind es nur ein paar Schritte bis zum **Koblenzer Tor** ⓬, Teil des Kurfürstlichen Schlosses und einst Versammlungsstätte des Ritterordens vom Heiligen Michael. Die vergoldete Figur des Erzengels, die die Fassade schmückt, ist eine Kopie. Das Original aus dem Jahr 1755 befindet sich in der Universität am Hörsaal VIII! Auf dem Dach erkennt man auch die Personifizierungen der vier Tugenden des Michaels-Ordens: Frömmigkeit, Ausdauer, Stärke und Treue. Die Räume über dem Koblenzer Tor gehören zum **Ägyptischen Museum** (s. S. 67), das man von der Rheinseite aus betritt.

3 *Hofgarten ⓭

Der Hofgarten am Kurfürstlichen Schloss war ursprünglich ein Lustgarten für Kurfürst Clemens August. Im Ersten Weltkrieg trieb man die Kühe der Stadt hierher, die Hofgar-

Im Karzer

Karl Marx führte 1835/36 in Bonn ein ausgelassenes Studentenleben. So ist es nicht weiter verwunderlich, dass er wegen Trunkenheit und ruhestörenden Lärms eine Nacht im Karzer, dem Studentengefängnis im Dachgeschoss des Koblenzer Tors, verbringen musste. Bis zum Ende des 19. Jhs. gab es nämlich ein System der Akademischen Gerichtsbarkeit, wonach ein eigens eingesetzter Universitätsrichter den Verweis, die Geldstrafe, die Entfernung von der Hochschule und eben die Haftstrafe im Karzer als »Korrigierstrafen« für Ordnungswidrigkeiten der Studenten aussprechen konnte.

1 Karte Seite 46

tenwiese bot sich als Futterweide geradezu an. Heute ist der Hofgarten ein beliebtes Naherholungsgebiet für die Studenten, zumal er – anders als der Name vermuten lässt – kein Garten, sondern lediglich eine riesige Wiese ist, die immer wieder zum Schauplatz studentischer Kundgebungen und Feiern wird. Beim legendären »Sternmarsch auf Bonn« am 11. Mai 1968 demonstrierten hier Tausende gegen die Notstandsgesetzgebung, in den 1980er Jahren war er Ziel vieler Demonstrationen der Friedensbewegung, allein bei der Versammlung gegen den NATO-Doppelbeschluss im Oktober 1983 bevölkerten Hunderttausende die große Wiese. So kommt es, dass der Bonner Hofgarten berühmter wurde als das Schloss.

*Akademisches Kunstmuseum ⓮

Im Gebäude des Akademischen Kunstmuseums, nach den Plänen Karl Friedrich Schinkels erbaut, war früher das Anatomische Institut der Universität untergebracht. So erklärt sich auch die große Lichtkuppel, die das Sezieren bei Tageslicht ermöglichte. Seit 1884 ist es Sitz des **Archäologischen Instituts.** Heute beherbergt der Bau am Hofgarten zwei faszinierende **Sammlungen antiker Kunst.** In der weltweit größten **Abgusssammlung** geben 300 in chronologischer Reihenfolge aufgestellte Kopien griechischer Statuen ein plastisches Bild der Entwicklung früher Großplastiken (So–Fr 10–13, Do 16–18 Uhr). Die Originalsammlung zeigt eine Vielzahl von Tongefäßen, Bronzeplastiken und Kunstwerken aus Marmor und Terrakotta (Tel. 73 77 38, Di, So 10–13, Do 16 bis 18 Uhr). Nicht weit davon entfernt liegt eines der ungewöhnlichsten Museen Deutschlands: das **Arithmeum** ⓯, das sich mit der Geschichte der Mathematik befasst (s. Special S. 7).

Antike im Akademischen Kunstmuseum

*Rheinische Friedrich-Wilhelms-Universität ⓰

Das Hauptgebäude der 1818 von König Friedrich Wilhelm III. gegründeten Universität war früher Residenzschloss der Kölner Kurfürsten und Treffpunkt der Hofgesellschaft. Im oberen Stockwerk befand sich einst ein großer Saal, in dem Dramen und Opern aufgeführt und glanzvolle Bälle gefeiert wurden. Über dem Mittelportal blickt »Regina Pacis«, die Gottesmutter als Königin des Friedens, in den Hofgarten. Manch ein Bonner sagt ihr Wunderkraft nach: Als das Schloss 1777 lichterloh brannte, überstand die Statue die Flammen nahezu unbeschadet. Im Dritten Reich wollten die Nazis die Figur herunterziehen, doch die Seile rissen. Auch im Bombenhagel 1944/45 nahm sie keinen Schaden.

Am Kaiserplatz

Die **Kreuzkirche** ⓱ am Kaiserplatz ist die erste evangelische Kirche in Bonn, sie wurde 1871 in Dienst genommen und wird gerne auch »Evangelische

1
Karte Seite 46

Botschaft« genannt. Das Relief über dem Hauptportal zeigt Christus auf dem himmlischen Thron, zu dem die Mühseligen und Beladenen emporsteigen. Der Innenraum besticht durch schlichte Schönheit. Die Plastik im Vierungsgewölbe zeigt einen Pelikan, der seine Jungen mit Blut füttert als Symbol für Christus, der sich für die Menschheit opferte. Die Kreuzkirche wird auch von Freunden der Kirchen- und Kammermusik sehr geschätzt (www.kreuzkirche-bonn.de, Di, Mi, Sa 9–17, Do, Fr 9–13 Uhr).

Auf dem Kaiserplatz bietet sich an den Springbrunnen ein schöner Blick auf das Poppelsdorfer Schloss. Unter schattigen Bäumen laden niedliche **Antiquariate** in Holzhütten und umgebauten Bauwagen zum Stöbern ein.

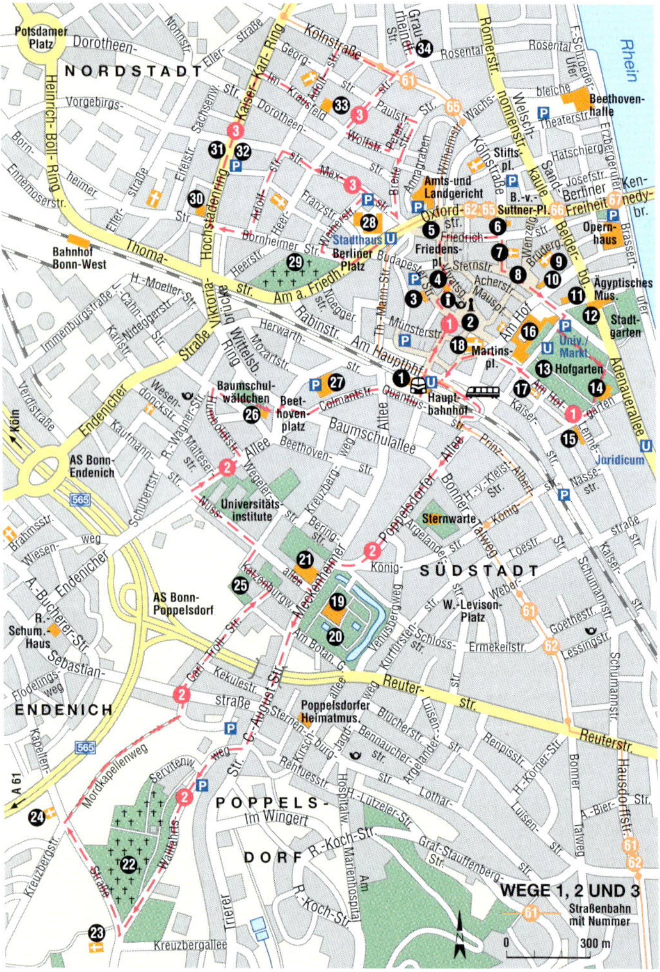

1 Karte Seite 46

4 **Münsterbasilika ⑱

Ein Juwel sakraler Architektur und Wahrzeichen der Stadt ist das spätromanische Münster, das bereits über einzelne gotische Stilelemente verfügt. Dort, wo das Gotteshaus mit seinen fünf Türmen seit über 800 Jahren die Bonner Stadtsilhouette beherrscht, existierte bereits im 3. Jh. eine »Cella memoriae«, eine Toten-Gedenkstätte. Die dreischiffige Basilika wurde ungefähr zu dem Zeitpunkt vollendet, als in der Nachbarstadt Köln der Grundstein für den Dom gelegt wurde: um 1248! Der im 12. Jh. unter Propst Gerhard von Are erbaute Kreuzgang ist heute der einzige gut erhaltene romanische Kreuzgang nördlich der Alpen. Der Propst veranlasste 1166, dass die Reliquien der Märtyrer gehoben und in kostbaren Schreinen auf dem Hochaltar aufgebahrt wurden, im Truchsessischen Krieg 1583/84 wurden die Schreine jedoch unwiederbringlich zerstört. Auch heute noch werden die Dekane des Münsters in der Gruft unter dem Münster beigesetzt (www.bonner-muenster.de, Münster 7–19, Kreuzgang 9–17 Uhr).

Gotische Bögen in der spätromanischen Münsterbasilika

Weg 1
1. Hauptbahnhof
2. Münsterplatz
3. Altes Stadthaus
4. Sterntor
5. Brauhaus Bönnsch
6. Beethoven-Haus
7. Namen-Jesu-Kirche
8. Markt
9. St. Remigiuskirche
10. Altes Rathaus
11. StadtMuseum Bonn
12. Koblenzer Tor
13. Hofgarten
14. Akademisches Kunstmuseum
15. Arithmeum
16. Universität
17. Kreuzkirche
18. Münsterbasilika

Weg 2

19. Poppelsdorfer Schloss
20. Botanische Gärten
21. Goldfuß-Museum
22. Poppelsdorfer Friedhof
23. Kreuzbergkirche
24. Mordkapelle
25. Nutzpflanzengarten
26. Kurfürstliches Gärtnerhaus
27. Rheinisches LandesMuseum

Weg 3

28. Stadthaus
29. Alter Friedhof
30. August-Macke-Haus
31. Bonner Kunstverein
32. Künstlerforum
33. Frauenmuseum
34. Archäologischer Park

Die Kaiserpassage am Martinsplatz entwickelt sich zu einer Top-Restaurant-Adresse. Im **EN'TE,** dem früheren »Nachrichtentreff« (Tel. 63 93 22), sind überwiegend junge Bonner Singles bei Prosecco und Cappuccino anzutreffen (○○○), das **Roses** (Tel. 4 33 06 53) ist ein Spitzenrestaurant, in dem der Küchenchef Exzellentes zaubert. ○○○

Weg 2

Poppelsdorf

2
Karte Seite 46

Poppelsdorfer Allee → **Poppelsdorfer Schloss → **Botanische Gärten → **Kreuzbergkirche → *Heilige Stiege → *Rheinisches LandesMuseum

»Jetz hätt dat Schmitze Billa in Poppelsdorf en Villa ...« singen die Rheinländer bierselig im Karneval, und jedem ist sofort klar, dass es sich um eine exklusive Wohnlage handeln muss. In der Tat sind in diesem Stadtviertel südlich der Innenstadt besonders viele Villen zu finden. Doch damit nicht genug: Schon beim Anmarsch über die Poppelsdorfer Allee haben Sie das Lustschloss Clemensruhe immer im Blick, dahinter lädt der Botanische Garten zum Verweilen ein. Vom Kreuzberg bietet sich an klaren Tagen ein Fernblick bis nach Köln. Die reine Laufzeit beträgt zwei Stunden. Planen Sie unbesorgt einen ganzen Tag für diese Runde ein, zumal gemütliche Studentenkneipen locken – Poppelsdorf gehört zum Uni-Viertel!

Entlang der Poppelsdorfer Allee

Die Poppelsdorfer Allee verbindet die beiden kurfürstlichen Schlösser und den Kreuzberg zur so genannten Barockachse. Es war Clemens August, der die Allee nach dem Vorbild französischer Schlossalleen gestalten ließ. Im Schatten der Kastanienbäume konnten die hohen Herrschaften von Schloss zu Schloss lustwandeln. Von seinem ursprünglichen Vorhaben, an der Stelle einen Kanal anzulegen, musste Clemens August Abstand nehmen. Ob aus Geldnot oder gar Wassermangel – darüber gibt es geteilte Auffassungen.

Südlich der Poppelsdorfer Allee schließt sich die **Südstadt** an, das gründerzeitliche Wohnviertel mit seinen herrschaftlichen Häusern, die das bürgerliche Selbstbewusstsein des »fin de siècle« widerspiegeln. Für Architekturfans ist das von Kriegszerstörungen weitgehend unbeschadet gebliebene Viertel, in dem sich heute auch Studenten sehr wohl fühlen, ein Muss. Aus der Südstadt kommt übrigens auch die urtypische Bonner Redensart: »Entweder et räänt oder de Barrier is eraff« (Entweder es regnet oder die Schranken sind zu). Denn hier verläuft die viel befahrene Rheinstrecke der Deutschen Bahn AG. Zu Hauptstadtzeiten wurde ergänzt: »Un wenn beidet zesammekütt, es Staatsbesooch« (Und wenn beides zusammenfällt, ist Staatsbesuch).

Leseratten werden sich auf der Poppelsdorfer Allee über den öffentlichen **Bücherschrank »books outdoor«** freuen. Das Konzept ist einfach: Man leiht sich Bücher ohne Gebühr oder Leihfrist aus, bringt sie zurück und stellt andere hinein. Dies funktioniert bereits seit 2003, der Schrank ist nie leer und enthält immer eine bunte Mischung aller Literaturgattungen.

5 **Poppelsdorfer Schloss ⑲

Am Ende der Poppelsdorfer Allee kommt man zunächst zum Schlossweiher mit dem alten Wärterhäuschen, gleich dahinter liegt das Poppelsdorfer Schloss. Mit seinem Bau

2
Karte Seite 46

wurde 1715 unter Kurfürst Joseph Clemens begonnen, seine Vollendung erlebte der Kurfürst jedoch nicht mehr. Erst 1753, unter seinem Nachfolger Clemens August, wurde die vierflügelige Schlossanlage mit kreisrundem Arkadenhof nach Plänen von Balthasar Neumann fertig gestellt. Das Schloss diente Clemens August als Sommerresidenz, sein eigentlicher Name ist daher auch Schloss Clemensruhe. Von den Franzosen 1794 als Lazarett benutzt, wurde das Schloss, das ab 1818 Sitz der Universität war, während des Zweiten Weltkriegs in weiten Teilen zerstört, 1959 wurde es wieder aufgebaut. Der Innenhof ist im Sommer Schauplatz der beliebten Schlosskonzerte. Das im Schloss untergebrachte **Mineralogisch-Petrologische Museum** präsentiert bereits seit 1818 eine beeindruckende Sammlung an Mineralen, Gesteinen, Erzen, Edelsteinen und Meteoriten (Tel. 73 27 64 oder 73 90 47, www.min.uni-bonn.de, Mi 15–17, So 10–17 Uhr).

Rekordverdächtige Monsterblume

**Botanische Gärten Bonn ⑳

Die Botanischen Gärten, die bis 1818 als Lustgarten des Schlosses dienten, zählen zu den ältesten Gartenanlagen Deutschlands. Im Zweiten Weltkrieg völlig zerstört, umfasst ihr Pflanzenbestand mittlerweile wieder über 10 000 verschiedene Arten, darunter die größten Seerosen der Welt mit Blättern, die bis zu 80 kg tragen. Allein die enorme Sammlung Fleisch fressender Pflanzen zieht zahlreiche Besucher an. Die Wappenpflanze und unbestrittene Königin der Gärten aber ist die Titanwurz. Die Pflanze mit der

Poppelsdorfer Halsbandsittiche

Es handelt sich nicht um entflogene Papageien! Also bitte nicht einfangen! Die auffällig grünen Sittiche, die Sie möglicherweise entdecken, haben ihren Namen von dem schwarzen Streifen, den die Männchen vom Kinn bis in den Nacken haben. Sie stammen ursprünglich aus Afrika und Asien. In Bonn gibt es eine große Kolonie von »Gefangenschaftsflüchtlingen« oder »Neubürgern«, die in den Höhlen von Platanen im Botanischen Garten, in den Alleebäumen der Poppelsdorfer Allee und im Regierungsviertel wild brüten.

größten Blume der Welt sorgte 2006 für Aufsehen, als sie drei Blütenstände gleichzeitig bildete (Mo–Fr 9–18, Nov. bis März nur bis 16 Uhr, Gewächshäuser 10–12 und 14–16 Uhr). Zu den öffentlich zugänglichen Botanischen Gärten gehört auch die Anlage am Katzenburgweg (s. S. 51).

2
Karte Seite 46

Goldfuß-Museum ㉑

Nur einen Katzensprung von den Botanischen Gärten entfernt, zeigt das Goldfuß-Museum im Institut für Paläontologie hochinteressante Fossilien aus der ganzen Welt und dokumentiert damit, wie sich das Leben auf der Erde entwickelt hat. Wer in der Erwartung das Museum betritt, ein paar »olle Steine« anzusehen, bei denen mit viel Fantasie eine Muschelschale zu erkennen ist, wird überrascht sein über die Vielfalt der versteinerten Pflanzen und Tiere. Ausgestellt sind auch Saurier wie der 4 m lange Schlangenhalssaurier und ein Schädel des vor allem bei Kindern beliebten Tyrannosaurus Rex. Ebenso interessant: Jungtiere und trächtige Muttertiere des Fischsauriers. Sonderausstellungen informieren immer wieder über neuere Entwicklungen der Paläontologie (Nussallee 8, Tel. 73 31 03, www.paleontology.uni-bonn.de, Mo bis Fr 9–16, So 13–17 Uhr).

Der Wasserträger, Clemens-August-Straße 13, Tel. 65 87 87. Benannt nach dem Wasserträger des Kurfürsten, der in diesem Gebäude gelebt hat. Gehobene internationale Küche, erlesene Weine. ❍❍❍

▮ **Fellinis,** Clemens-August-Str. 9, Tel. 7 21 78 66. Angesagtes Ziel für Freunde von Tapas und italienischer Küche, schick, im Sommer sitzt man draußen. ❍❍

Auf den Kreuzberg

Der Legende nach war der Hl. Crescentius, ein Schüler des Apostels Paulus, als römischer Soldat in Bonn stationiert. Auf dieser Anhöhe verkündete er die Botschaft Christi und verehrte das Kreuz als Zeichen der Befreiung und Erlösung. Im 15. Jh. versammelten sich hier bei Wallfahrten bis zu 50 000 Menschen. Den steilen Weg hinauf kann man rechts über einen Stationsweg mit 14 Stationen, links entlang der Schrebergärten oder geradeaus über den **Poppelsdorfer Friedhof** ㉒ nehmen. Durch seine Hanglage und die bis zu 200 Jahre alten Grabmäler zählt er zu den schönsten Bonner Friedhöfen. An den Eingängen informieren Planskizzen über den Verlauf der idyllischen Wege und die Lage besonderer Gräber. Die Liste der bekannten Persönlichkeiten, die hier ihre letzte Ruhestätte fanden, ist lang. Nach einem Besuch des Goldfuß-Museums will man vielleicht das Grab des Zoologen und Paläontologen Georg August Goldfuß besuchen.

Die **Kreuzbergkirche ㉓

Die Kreuzbergkirche wurde 1627 auf Veranlassung des Erzbischofs Ferdinand gebaut, Clemens August baute sie zwischen 1746 und 1751 aus und ließ sie mit einem prunkvollen Hochaltar und anderen Kostbarkeiten ausstatten. In dieser Zeit entstand die barocke ***Heilige Stiege,** eine künstlerische Nachbildung der Treppe im Palast des Pontius Pilatus in Jerusalem. Wie auch der Hochaltar ist sie das Werk von Balthasar Neumann. Der mittlere der drei Läufe mit seinen 28 Marmorstufen darf nur waffenlos und kniend erstiegen werden. Unter den in der zweiten, elften und letzten Stufe eingelassenen Messingkreuzen sollen angeblich Partikel des Kreuzes Christi

Die Suche nach dem Heiligen Kreuz: Heilige Stiege in der Kreuzbergkirche

2
Karte Seite 46

eingelassen sein. Der Innenraum der Kirche widmet sich ganz dem Thema der Kreuzauffindung. Er ist als kreuzförmiger Saal mit seitlichen Kapellen angelegt. Der Hauptaltar zeigt die vor dem Kreuz kniende Kaiserin Helena, sie soll auf dem Berg Golgatha drei Kreuze gefunden haben und das Kreuz Christi sofort erkannt haben (Kirche und Stiege 9–17, im Sommer bis 18 Uhr).

Die Serviten, ein katholischer Orden, hatten 1637 an dieser Stelle das **Kloster Kreuzberg** gegründet. Aus dieser Zeit stammt das Gnadenbild der schmerzensreichen Mutter an der Südwand der Kirche. 1802 wurden die Serviten-Mönche von den französischen Revolutionstruppen vertrieben, das Kloster wurde als Gaststätte genutzt. 1855–1872 pflegten Jesuiten das Kloster, sie mauerten 1858 die Bildstationen der Sieben Fußfälle am Weg nach Endenich und 1861 die 14 Stationen eines Kreuzwegs um den Klostergarten, von denen nur noch die Stationen 12 und 14 erhalten sind.

Vom Kreuzberg aus genießt man nicht nur einen fantastischen **Ausblick auf Bonn** mit dem Post Tower, sondern auch auf das Siebengebirge und die Kölner Bucht samt Kölner Dom.

Die Mordkapelle ㉔

Am Fuß des Kreuzbergs liegt das **Kloster der Ewigen Anbetung** mit der Mordkapelle. Sie wird auch Marter- oder Märtyrerkapelle genannt und wurde an der Stelle errichtet, an der im 3. Jh. neun römische Soldaten wegen ihres christlichen Glaubens hingerichtet worden sein sollen, darunter auch die späteren Bonner Stadtpatrone Cassius und Florentius. Das Kloster war 1941/42 Sammellager für 474 Juden aus Bonn, von denen nur sieben die anschließende Deportation überlebten. Von hier führt der Mordkapellenweg durch Felder und Schrebergärten den Berg hinab zurück nach Poppelsdorf.

*Nutzpflanzengarten ㉕

Im Nutzpflanzengarten der Botanischen Gärten Bonn am Katzenburgweg kann man eine faszinierende

Sammlung von Pflanzen bestaunen. Hier gedeihen Muskatnüsse, Kiwis, Baumtomaten, Sternfrüchte und Kakaobohnen unmittelbar am Baum. Der Kolabaum ist sonst nur in den Regenwäldern Afrikas verbreitet, seine Samen enthalten Koffein, das als Anregungsmittel genutzt wird, z. B. in dem allseits bekannten dunkelbraunen Erfrischungsgetränk, für den er mit seinem Namen Pate stand. Mit Kindern sollte man extra Zeit für den Hexengarten mit den vielen Zauberkräutern einplanen (Mo–Fr 9–18, Nov. bis März nur bis 16 Uhr, Gewächshäuser 10–12 und 14–16 Uhr).

2 Karte Seite 46

Über die **Humboldtstraße** mit wunderschönen Gründerzeithäusern erreicht man den städtischen Park **Baumschulwäldchen** mit dem **Kurfürstliche Gärtnerhaus** ㉖, einem Barockbau aus dem 18. Jh., in dem heute eine kleine Galerie ansässig ist, die wechselnde Ausstellungen Bonner Künstler zeigt (Di–Sa 14–18, So 10 bis 13 Uhr).

*Rheinisches LandesMuseum Bonn ㉗

Rheinische Geschichte, Kunst und Kultur von der Steinzeit bis in die Gegenwart! Das 1820 gegründete und 2003 wiedereröffnete Museum präsentiert die Exponate in neun Themenausstellungen. »Macht und Mächte«, »Von den Göttern zu Gott« oder einfach »Wir Rheinländer« heißen die Schwerpunkte. Alle Sinne werden angesprochen, wenn Audio-Guides, Multimediastationen, Filme und Musik eingesetzt werden. Sogar den Geruch einer mittelalterlichen Gasse kann man kennen lernen – wenn man das wirklich will! (Colmantstr. 4, Tel. 2 07 00, www.rlmb.lvr.de, Di–So 10 bis 18, Mi bis 21 Uhr).

Weg 3

Bummel durch die Altstadt

Stadthaus → Alter Friedhof → *August-Macke-Haus → Frauenmuseum → Archäologischer Park

Fragt man nach der »Inneren Nordstadt«, werden die meisten Bonner ratlos mit den Schultern zucken. Möchte man jedoch in die Altstadt, lautet die Antwort spontan: »hinter dem Stadthaus«. Die eigentliche Bonner Altstadt mit Markt, Rathaus und Münster wurde im Krieg stark zerstört und gilt seit ihrem Wiederaufbau einfach als »City«. Was lag also näher, als das ehemalige Studenten- und Arbeiterquartier, das sich zu einem gemütlichen Künstler- und Kneipenviertel gemausert hat, zur neuen Altstadt zu erheben? Zur Not kann man auf die alten Römer verweisen, die vor 2000 Jahren hier ihr Lager errichteten.

Das **Stadthaus** ㉘ wurde Mitte der 1970er Jahre gebaut, über die Architektur des Gebäudes streiten die Bonner seither trefflich. Aber wie die Rheinländer eben sind, sehen sie die Dinge stoisch (Et is, wie et is!), und dem Besucher wird erklärt, dass man aus dem 17. Stockwerk einen herrlichen Ausblick auf die Bonner Innenstadt, den Rhein und das Siebengebirge hat, die Verglasung hübsch in der Abendsonne leuchtet und man in der Stadthaus-Garage nachts und an Wochenenden preiswert parken kann.

Namenlos, Bornheimer Str. 20 bis 22, Tel. 63 86 40,

www.namenlos-bonn.de. Die stets gut besuchte Altstadtkneipe, die bis 3 Uhr nachts geöffnet hat, ist seit Jahrzehnten bei Studenten beliebt. Auf der kleinen Bühne geben von Zeit zu Zeit Bands Konzerte.

Alter Friedhof ㉙

Kurfürst Joseph Clemens ließ 1715 den Alten Friedhof anlegen, der bald zum Prominentenfriedhof von Bonn wurde. Hier fand Beethovens Mutter 1787 ihre letzte Ruhestätte, eine schlichte Steinplatte erinnert an sie. Prunkvoller ist das Grab von Robert und Clara Schumann gestaltet. Die Friedhofskapelle, die ursprünglich in Ramersdorf stand, ist zum Gegenstand religiöser »Forschungen« geworden. Seit Erscheinen von Büchern wie »Das Foucaultsche Pendel« (Umberto Eco), »Das Blut der Templer« (Wolfgang Hohlbein) und »Sakrileg« (Dan Brown) sowie entsprechender Verfilmungen geht man der Frage nach, wie es zu dem Pentagramm vor dem Eingang zur Kapelle, der fünfblättrigen Ornamentik und dem Tatzenkreuz in der Fassade der Kapelle kommt. Was hatte Bonn mit den Templern zu tun, deren Symbole dies sind? Erklärungsversuche bestehen darin, dass die Ramersdorfer Deutschordensritter den Templern sehr nahe standen und das Pentagramm von jeher im Volksglauben als Bannzeichen gegen das Böse gilt. Auf die Türschwelle gezeichnet, soll es böse Geister daran hindern, sie zu überwinden.

Vom Alten Friedhof gelangt man über die Weiherstraße in die **Maxstraße,** die im Laufe ihrer Geschichte je nach politischer Lage mal Karl-Marx-Straße und dann wieder Maxstraße hieß. Heute befindet sich hier eine Moschee.

Grab von Robert und Clara Schumann

Shaker's, Bornheimer Str. 26, www.shakers-bonn.de, im Sommer tgl. 11–3, im Winter 15–3 Uhr. American Cocktailbar und Restaurant nur für Gäste ab 21 Jahre. Über 70 verschiedene Whiskys, 400 Cocktails.

»Dreiländereck«: An der Altstadtkreuzung Heerstraße, Vorgebirgsstraße und Maxstraße liegen auf der Heerstraße gleich drei gute Restaurants beisammen. Vorzüglichen Döner und andere türkische Gerichte gibt es im **Döner House** (Nr. 119), ❍, das **Mediterrano** (Nr. 121), ❍❍, bietet italienische Küche, die Tapasbar **Qué Será** (Nr. 98) ❍, mexikanische Spezialitäten. Alle: Tel. 9 69 19 95.

KunstCarré

Das August-Macke-Haus bildet zusammen mit dem Frauenmuseum,

3 Karte Seite 46

dem Bonner Kunstverein und dem Künstlerforum das KunstCarré. Kein Wunder, dass sich in einem solchen Klima viele Künstler und Kunstschaffende wohl fühlen. In den Hinterhöfen sind zahlreiche Ateliers entstanden, eine lebendige Kunstszene hat sich entwickelt, die ihre Exponate in Galerien und Ausstellungen der Öffentlichkeit präsentiert.

3 Karte Seite 46

*August-Macke-Haus ㉚

Das August-Macke-Haus war von 1911 bis 1914 Lebensmittelpunkt des Malers August Macke (1887–1914), hier entstanden seine wichtigsten Werke, hier empfing er seine Malerkollegen und -freunde, darunter Max Ernst, Franz Marc und Guillaume Apollinaire. Macke liebte diesen Teil der Stadt sehr, weil er sich von der Südstadt mit ihren braven Beamten und Rentnern so erfrischend lebendig abhob. Immer wieder wurden der Garten, aber auch Straßenszenen, die er vom Fenster aus beobachtete, zu Motiven seiner Arbeiten. Macke gehörte der Künstlergruppe »Der Blaue Reiter« an, gleich zu Beginn des Ersten Weltkriegs fiel er an der Westfront bei Perthes-les-Hurlus in der Champagne. Besucher kön-

Einstiger Lebensmittelpunkt Mackes

Rheinisches Grundgesetz

Keine Sorge! Gemeint sind nicht etwa juristische Paragrafen, sondern die Grundsätze rheinischer Lebensart. Wer zumindest ein paar davon beherzigt, wird sich garantiert wohl fühlen im Rheinischen!

- Et is, wie et is – Es ist, wie es ist
- Et kütt, wie et kütt – Es kommt, wie es kommt
- Wat fott is, is fott – Was weg ist, ist weg
- Vun nix kütt nix – Von nichts kommt nichts
- Et hätt noch immer jot jejange – Es ist noch immer gut gegangen
- Wat wellste maache? – Was will man da tun?
- Do laachste dich kapott – Da lachst du dich kaputt
- Man muss och jönne könne – Man muss auch gönnen können
- Drenk doch eene met! – Trink doch einen mit!
- Kenne mer nit, bruche mer nit, fott domet! – Kennen wir nicht, brauchen wir nicht, weg damit!
- Wat sull dä Quatsch? Was soll der Unsinn?

Letzteres ist quasi die Universalfrage des Rheinländers. Sie wird ergänzt durch »Su ene Quatsch!« (So ein Unsinn!) als Feststellung und »Mach keene Quatsch!« (Mach keinen Unsinn!) als besorgter Ausruf. Das Wort »Quatsch« ist eines der Lieblingsworte der Rheinländer. Es spricht sich so lustig und kann fast alles bedeuten.

nen heute sein Atelier unter dem Dach besichtigen, in dem einige Original-Ölgemälde des Künstlers zu bestaunen sind. Interessant sind auch die Wechselausstellungen zum Rheinischen Expressionismus, zu dem Macke auch gezählt wird, und natürlich im Treppenhaus die großen Fotos und Gemälde-Repros mit den entsprechenden Erläuterungen zu den jeweiligen Lebensstationen Mackes (Bornheimer Str. 96, Tel. 65 55 31, www.august-macke-haus.de, Di–Fr 14.30 bis 18, Sa, So, Fei 11–17 Uhr).

Bonner Kunstverein ㉛

In der Halle des früheren Blumengroßmarkts hat der Bonner Kunstverein eine Kunsthalle mit 1000 m^2 Ausstellungsfläche eröffnet, die sich in Wechselausstellungen der zeitgenössischen Kunst widmet. Der Kunstverein betreibt auch eine **Artothek,** in der sich Bonner Bürger originale Gemälde, Zeichnungen und andere Kunstwerke gegen eine geringe Gebühr für zwei Monate ausleihen können (Hochstadenring 22, Tel. 69 39 36, www.bonner-kunstverein.de, Di–So 11–17, Do bis 19 Uhr).

Gleich nebenan befindet sich das **Künstlerforum** ㉜, das Ausstellungshaus der Bonner Künstlergruppen. Die elf Gruppen wechseln sich alle drei Wochen im Rotationsverfahren bei der Auswahl der Künstler und der Gestaltung der Ausstellungen ab (Tel. 9 69 53 09, www.kuenstlerforum-bonn.de, Di–Fr 15–18, Sa 14–17, So 11 bis 17 Uhr).

Das **Bistro** im **Kaiser Karl Hotel,** Vorgebirgsstr. 56, Tel. 98 55 70, ist bekannt für die erlesenen Gerichte. Die Desserts sind ein Gedicht! Häufig gastieren hier Promis – werfen Sie doch mal einen Blick ins Gästebuch des Hotels! ○○○

Frauenmuseum ㉝

Schon mehr als ein Vierteljahrhundert bietet das Frauenmuseum Künstlerinnen Raum für Kunst- und Kulturprojekte, und immer noch gilt es als bundesweit einzigartig. Es gibt keine Dauerausstellung, um den abwechslungsreichen Wechselausstellungen möglichst viel Raum zu bieten. Seit 1981 fanden hier über 400 Ausstellungen statt, es wurden Werke von 2500 Künstlerinnen gezeigt. Etliche von ihnen haben längst den Sprung auf den internationalen Kunstmarkt geschafft. Das Frauenmuseum, ein lebendiger Ort des Kunstschaffens, verfügt zugleich über einige Ateliers, in denen Frauen arbeiten, eine interessante Galerie und einen Museumsladen (Im Krausfeld 10, Tel. 69 13 44, www.frauenmuseum.de, Di–Sa 14–18, So 11–18 Uhr).

Archäologischer Park ㉞

Über die Adolfstraße und die Kölnstraße gelangt man zum Archäologischen Park (zwischen Graurheindorfer- und Drususstraße). Der Name mag etwas zu viel versprechen, doch die Aufregung war groß, als man vor einigen Jahren im Innenhof der heutigen Wohnanlage Am Römerkastell/Dincirica Funde aus der römischen Zeit entdeckte. Ein **Modell der Römerstadt,** das die Bayerische Vereinsbank 1989 zur 2000-Jahr-Feier gestiftet hatte, erinnert heute an die römische Besiedlung.

Die Römer versorgten sich in Bonn mit frischem Wasser aus der Eifel. Parallel zur Heerstraße verlief das **Aquädukt,** der genaue Verlauf ist Im Krausfeld, in der Georgstraße und in der Dorotheenstraße noch

3 Karte Seite 46

3
Karte Seite 46

Verkehrsberuhigung nach römischer Art

durch eine abweichende Pflasterung zu erkennen.

Auf dem Boden fallen die Grundmauern der **Dietkirche** (Volkskirche) auf, deren Entwicklung auf einem Schaubild an einer Hauswand erklärt ist. Die Kirche war Petrus und Johannes geweiht und wurde bereits 795 urkundlich erwähnt. Um 1010 entstand ein Kloster, rund um Kirche und Kloster entwickelte sich das kleine Dorf Dietkirchen, das im Kölnischen Krieg 1583 niedergebrannt, danach aber wieder aufgebaut wurde. 90 Jahre später, im Holländischen Krieg, sprengte die Garnison die Kirche, um freies Schussfeld auf den Feind zu haben, alle übrigen Gebäude wurden geplündert und in Brand gesteckt. Das bedeutete das Ende für Dietkirchen. Vor dem Kloster Dietkirchen stand das **Johanneskreuz,** daran erinnert hier noch der Platzname »Am Johanneskreuz«. Reste des Kreuzes befinden sich auf dem Alten Friedhof.

Um dorthin zu gelangen, überquert man die Kölnstraße, die ehemalige **Römerstraße Via Colonia,** die nach Köln führte, und gelangt zur **Heerstraße,** die genau am ehemaligen Römerlager beginnt. Sie war schon vor 2000 Jahren ein bedeutender Handelsweg, der das Römerlager mit Trier verband. Die hier gefundenen Stelen, Grab- und Matronensteine blieben als Abgüsse erhalten, sind in der Heerstraße aufgestellt und dienen als eine Art Verkehrsberuhigung!

Im **Brauhaus Machold,** Heerstr. 52, Tel. 9 63 78 77, wurde ab 1919 obergäriges Bier gebraut, die entsprechenden Apparaturen und Lagerbehälter sind noch im denkmalgeschützten Brauraum zu sehen. Dort sitzt man unter einem Glasdach wie in einem Wintergarten. OO

Balustrade, Heerstr. 52, Tel. 63 95 96. Der beleuchtete Notenschlüssel draußen weist auf eine Pianobar hin, drinnen aber wird man von einer Harley an der Wand empfangen. Die Musik passt eher dazu! Beliebter Studententreff.

Die **Galeria Galeano café de arte,** Wolfstr. 47, Tel. 63 58 89, ist Eckcafé und Galerie zugleich. Während man die Kunstwerke an den Wänden betrachtet, wird man mit köstlichem Kaffee versorgt. Die sympathische Inhaberin kennt fast alle Künstler der Altstadt, sie schätzt ihre Zahl auf über 60.

Historisches Arbeiterviertel

Die heutige Altstadt war das am dichtesten besiedelte Stadt- und zugleich das Arbeiterviertel Bonns. Die Räume im Erdgeschoss und Hinterhaus wurden als Werkstätten, Gewerbebetriebe, Gasthäuser und Läden genutzt, während die oberen Etagen der Vorderhäuser Wohnzwecken dienten. In der Paulstraße und der darauf ein-

Kunst- und Kaffeegenuss zugleich

mündenden Peterstraße entstand 1862 der erste soziale Wohnungsbau. In zusammenhängender Bebauung wurden preiswerte Genossenschaftswohnungen und Werkstätten errichtet. Diese gemischte Nutzung hat sich bis heute gehalten. Übrigens genau wie die Alleen mit ihren Zierkirschen, die im Frühjahr in üppigem Rosa blühen. In der Heerstraße und der Breiten Straße bilden die Alleen traumhafte Blütendächer, aus denen es stetig Blütenblätter schneit.

Klein Bon(n)um, Paulstr. 5, Tel. 69 43 65, www.klein-bonnum.com, tgl.18–1 Uhr. Aus gutem Grund machte dieses Kneipenrestaurant in seiner Kategorie den 1. Platz im Bonner Restaurantführer 2004, die mediterrane Küche ist vorzüglich. Hinreißender Wintergarten, erschwingliche Preise. OO

Billa-Bonn, Breite Str. 35, Tel. 65 71 62. Liebevoll mit Bumerang und Didgeridoo dekorierte australische Kneipe. Guinness und Foster's vom Fass, dazu Strongbow und australisches Flaschenbier.

Weg 4

Bundesviertel und Museumsmeile

*****Bundeskunsthalle → *Kunstmuseum Bonn → ***Haus der Geschichte → Bundeskanzleramt → *Palais Schaumburg → *Museum Alexander Koenig → *Villa Hammerschmidt → Bundeshaus → Post Tower**

Ein echtes Sahnestück für politisch Interessierte ist dieser Weg durch Bonn-Gronau. Wer das alte Regierungsviertel noch aus Zeiten vor dem Regierungsumzug in Erinnerung hat, wird es kaum wiedererkennen. Rund um den »Langen Eugen« entsteht der UN-Campus mit den Büros der Vereinten Nationen und anderer internationaler Organisationen. Selbstverständlich bleiben die Berühmtheiten unter den Gebäuden wie Wasserwerk, Villa Hammerschmidt und Palais Schaumburg weiterhin die beliebteren Fotomotive. Im Haus der Geschichte lässt sich die Geschichte der Bundesrepublik Deutschland von ihrer Gründung bis zur Gegenwart auf einzigartige Weise in Erinnerung rufen. Reine Laufzeit: eine Stunde.

4 Karte Seite 62

Die Museumsmeile

Fünf Museen liegen hier dicht beieinander: die Bundeskunsthalle, das Kunstmuseum, das Haus der Geschichte der Bundesrepublik Deutschland und ein wenig davon entfernt das Museum Alexander König sowie das Deutsche Museum Bonn (s. Special Museen S. 6).

***Kunst- und Ausstellungshalle ㉟

Die Bundeskunsthalle präsentiert auf 5600 m² Ausstellungsfläche hochkarätige Wechselausstellungen, die unter dem Aspekt eines möglichst breit angelegten Kulturbegriffs ausgewählt werden. Das Ausstellungsspektrum umfasst bildende Kunst, Kulturgeschichte, Politik, Wissenschaft und Technik. Ob Gentechnik, unser Wetter, die Bronzezeit oder moderne Fotografie: Den Ausstellungsthemen sind keine Grenzen gesetzt. Die 16 Stahlsäulen vor der Fassade sollen die 16 Bundesländer symbolisieren. Beliebtes Fotomotiv ist das Dach mit den drei markanten Lichttürmen (Friedrich-Ebert-Allee 4, Tel. 9 17 10, www.kah-bonn.de, So, Mo, Do 9–19, Di, Mi 9–21, Fr, Sa 9–22 Uhr).

Im Sommer findet auf dem Dach der Bundeskunsthalle alle 14 Tage am Sonntag ein **Jazzfrühschoppen** statt.

Besondere Vergünstigungen bietet die **ArtCard,** lohnend für alle, die gerne und regelmäßig die Ausstellungen besuchen. Für 81 € kann man mit einer Begleitperson ein Jahr lang kostenlos alle Ausstellungen besuchen, erhält aktuelle Infos zugeschickt, muss nicht Schlange stehen, wenn eine wichtige Ausstellung ihre Tore öffnet, erhält Ermäßigung bei den verschiedenen Veranstaltungen und freie Fahrt mit Bus und Bahn innerhalb des VRS.

*Kunstmuseum Bonn ㊱

Allein die Architektur des 1992 eröffneten neuen Kunstmuseums ist überaus sehenswert. Der Berliner Architekt Axel Schultes hat mit dem Neubau nicht nur einen wichtigen städtebaulichen Akzent in Bonn gesetzt, das Museum gilt sogar als einer der wichtigsten Museumsneubauten in Deutschland nach 1945. Offenheit und Transparenz kommen durch die Konzeption der Räume und des Lichts zustande und verweisen auch auf die Exponate selbst. Die Dauerausstellungen »August Macke und die Rheinischen Expressionisten«, »Joseph Beuys: Multiples 1965 bis 1986« und »Deutsche Kunst nach 1945« geben dem Besucher einen tiefen Einblick in die moderne Kunst. Werke von Georg Baselitz, Anselm Kiefer, Gerhard Richter, Gotthard Graubner und Ulrich Rückriem regen zur Auseinandersetzung mit zeitgenössischer Kunst an. Keine Sorge, wenn man etwas nicht versteht: Das Personal ist gut geschult und erklärt sehr anschaulich (Friedrich-Ebert-Allee 2, Tel. 77 62 60, www.kunstmuseum-bonn.de, Di–So 11–18, Mi bis 21 Uhr).

Fotogenes Dach der Kunsthalle

Das **Café im Kunstmuseum** bietet bei schönem Wetter auf seiner Terrasse köstliche Kleinigkeiten und beste Erholung zwischen zwei Museumsbesuchen.

4 Karte Seite 62

So expressiv und kühn wie die Kunst selbst: Architektur des Kunstmuseums

4 Karte Seite 62

***Haus der Geschichte ㊲

Es ist alles andere als eine langweilige Geschichtsdokumentation. Auf fünf Ausstellungsebenen werden mehr als 7000 Objekte deutscher Nachkriegsgeschichte präsentiert. Dabei geht es um die große Politik in Deutschland, Europa und der Welt, aber vor allem um das einfache Volk: um die Lebensmittelbezugskarten und Care-Pakete nach dem Krieg, um die Friedensbewegung, um die Anti-Baby-Pille und um die Schwierigkeiten zwischen »Wessis« und »Ossis« nach dem Mauerfall. Wechselausstellungen zu aktuellen Themen runden das Geschichtserlebnis ab. Jeder Besucher behält andere Exponate in dauerhafter Erinnerung, vielleicht ist es bei Ihnen das Mobiliar des ehemaligen Bundestags-Plenarsaals, die Eisdiele aus den 1950er Jahren, die erste Dienstkarosse von Konrad Adenauer oder die in einem Buch versteckte Geheimkamera, mit der ein Fotograf den Aufstand am 17. Juni 1953 in Ost-Berlin festhielt. Eintritt frei! (Willy-Brandt-Allee 14, Tel. 9 16 50, www.hdg.de, Di bis So 9–19 Uhr)

!! Wer darüber rätselt, was all die vielen unbekannten Namen mit dem Rockstar Freddy Mercury zu tun haben, die in die Pflastersteine vor dem Haus der Geschichte geschlagen wurden, sollte wissen: Alle waren HIV-positiv und starben an AIDS. Die Steininstallation des Bildhauers Tom Fecht »NAMEN und STEINE – mémoire nomade« aus dem Jahr 1994 ist Teil eines AIDS-Projekts.

Die Mitmachprogramme für Kinder, Jugendliche und junge Erwachsene umfassen jeweils 16 Seiten mit Fragen zu bestimmten Teilaspekten der Ausstellung. Schon Grundschüler können mit »Spielsachen erzählen Geschichte« alle Epochen der Nachkriegsgeschichte erfassen.

Erinnerungen an Hauptstadtzeiten

Über den Bundeskanzlerplatz gelangt man zum **Bundeskanzleramt** ㊳. Versteckt hinter Hecken befindet sich das Gebäude, das von 1976 bis 1999 Sitz des Bundeskanzlers war. Davor steht das von Hubert Pilgrim geschaffene bronzene **Adenauer-Denkmal:** ein 2 m großer Kopf des berühmten Staatsmannes, bei dem man zweimal hinschauen muss, um alle Details zu erfassen. Was zunächst wie Wangenfalten wirkt, sind Jahreszahlen. Beginnend auf der rechten Wange, ist das Geburtsjahr zu erkennen, um den Hinterkopf herum sind die wichtigen Lebensdaten dargestellt, die linke Wange ist das Todesjahr.

Von 1949 bis 1976 hatte der Bundeskanzler seinen Sitz im ***Palais Schaumburg** ㊴. Der große weiße Bau im klassizistischen Stil mit dem auffälligen Rundturm war 1858–1860 für den Tuchfabrikanten Wilhelm Loeschigk gebaut worden. Hier unterzeichneten im Jahre 1990 Vertreter beider deutscher Staaten den Vertrag für die Wiedervereinigung. Seit dem Regierungsumzug ist es zweiter Dienstsitz des Bundeskanzlers und des Kanzleramtes.

4
Karte Seite 62

Am Haus der Geschichte beginnt der **Weg der Demokratie,** ein Spaziergang, der in etwa eineinhalb bis zwei Stunden zu 18 wichtigen Orten führt, an denen die deutsche Demokratie gestaltet wurde. Darunter fallen alle Regierungsgebäude, die Hofgartenwiese und die früheren Parteizentralen. Vor den einzelnen Gebäuden sind Info-Tafeln aufgestellt. Infos und ein Faltblatt bei der Bonn Information (s. S. 102), www.wegderdemokratie.de.

Im großen Theatersaal des **Pantheon** am Bundeskanzlerplatz wird zu Tanznächten und Kabarettshows eingeladen, freitags finden Mottopartys statt, samstags legen DJs Partyklassiker auf (Tel. 21 25 21, www.pantheon.de, Fr, Sa 23–4 Uhr).

*Museum Alexander Koenig ㊵

Das Museum Alexander Koenig wurde 1912 vom Bonner Zoologen Alexander Koenig gegründet und entwickelte sich bald zu einem der größten Naturkundemuseen Deutschlands. In der wissenschaftlichen Sammlung mit über 3000 Exponaten liegt der Sammlungsschwerpunkt auf Insekten und Wirbeltieren. Die Ökologie-Ausstellung »Unser blauer Planet« verdeutlicht eindrucksvoll, wie alle Lebewesen der Erde voneinander abhängig sind. Anhand des Großlebensraums der afrikanischen Savanne wird gezeigt, wie Tiere und Pflanzen sich über Jahrmillionen an ihren Lebensraum angepasst haben, und welche Wechselwirkungen dabei entstehen. Auch politikgeschichtlich ist das Museum interessant: Hier fand am 1. September 1948 die feierliche Eröffnung des Parlamentarischen Rats statt (Adenaueralle 160, Tel. 9 12 20, www.museumkoenig.de, Di–So 10–18, Mi bis 21 Uhr).

Die Gnocchi im **Ristorante da Dante,** Adenauerallee 148, Tel. 4 22 44 77, sind vorzüglich, auch ansonsten gehobene italienische Küche zu annehmbaren Preisen. ○○

Ans Rheinufer

Biegt man von der Adenauerallee in die Tempelstraße ein, liegt rechter Hand die neue Bonner **Synagoge** ㊶, die am 26. Mai 1959 geweiht wurde. Nachdem viele Bonner Juden während der NS-Herrschaft deportiert und umgebracht worden waren, ist die jüdische Gemeinschaft in Bonn mittlerweile wieder auf 1000 Mitglieder angewachsen. Über das Spiritusufer gelangt man zur **Villa Spiritus** ㊷ in der Kaiser-Friedrich-Straße, die als Verbindungsbüro und Konferenzzentrum der Britischen Streitkräfte in Deutschland dient. Im Sommer finden hier Konzerte statt.

*Villa Hammerschmidt ㊸

Die Villa Hammerschmidt, 1860 erbaut, ist seit 1951 Sitz des Bundespräsidenten. Wegen ihres weißen Außenanstrichs und der Ähnlichkeit zum Dienstsitz des US-amerikanischen Präsidenten trägt sie den Beinamen »Weißes Haus am Rhein«. Seit der Bundespräsident jedoch in Schloss Bellevue in Berlin residiert, dient die Villa am Rhein nur noch als zweiter Amtssitz. Im Erdgeschoss befinden sich Empfangssaal, Kaminzimmer und andere Repräsentationsräume, das Obergeschoss ist dem Bundespräsidenten privat vorbehalten.

Das Weiße Haus am Rhein

Bundeshaus ㊹

Hier fand am 7. September 1949 die konstituierende Sitzung des Deutschen Bundestags statt, hier wurde

4
Karte Seite 62

Römersiedlung im Regierungsviertel

Auf dem heutigen Bonner Stadtgebiet gab es in der Römerzeit zwei Ansiedlungen. Dass auf Höhe der Kennedybrücke ein Legionslager existierte, war lange bekannt. Völlig überrascht war man jedoch beim Fund eines Vicus, einer zivilen Ansiedlung, auf beiden Seiten der Adenauerallee. 2006 führte der Landschaftsverband Rheinland mit seinem Rheinischen Amt für Bodendenkmalpflege auf dem Gelände des künftigen »United Nations Congress Center« die größte zusammenhängende Ausgrabung aus, die je in einem römischen Vicus in Deutschland stattfand. In der ersten Bonner Reihenhaussiedlung standen die so genannten Streifenhäuser dicht an dicht mit der Schmalseite zur Straße hin, in den Räumen direkt an der Straße waren Werkstätten, Läden und Tavernen untergebracht. Im hinteren Bereich wohnte man, in den Gärten fanden sich Brunnen, Abfallgruben, Latrinen, Töpferöfen und vereinzelte Gräber. Im öffentlichen Bereich des Dorfes lagen der Marktplatz, ein Tempelbezirk und ein Badegebäude. Besonders fallen die Ausmaße der Thermen auf, in der mit einer ausgeklügelten Heizungsanlage die Böden und Wände der Baderäume beheizt werden konnten. Die ca. 200 Quadratmeter große römische Therme wird im Wellnesstrakt des neuen Kongresshotels der Öffentlichkeit präsentiert werden.

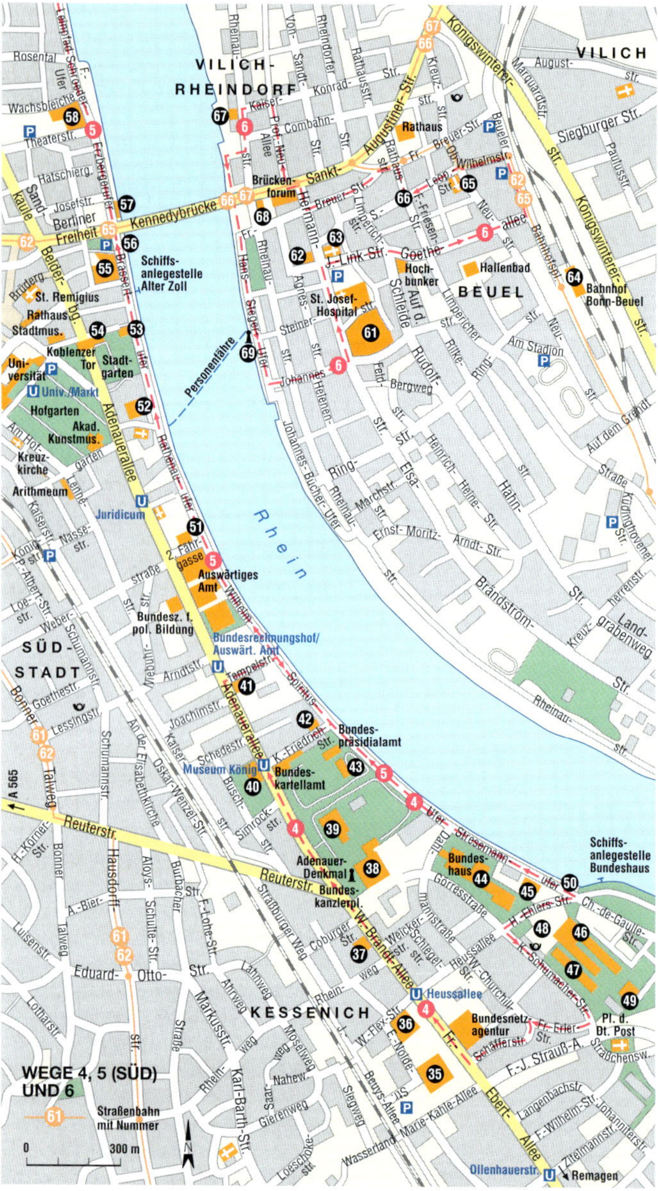
VILICH-
RHEINDORF
VILICH
BEUEL
SÜD-
STADT
KESSENICH
Rhein
Kennedybrücke
Schiffs-
anlegestelle
Alter Zoll
Personenfähre
Brücken-
forum
Rathaus
Hallenbad
Hoch-
bunker
Bahnhof
Bonn-Beuel
St. Josef-
Hospital
St. Remigius
Rathaus
Stadtmus.
Koblenzer
Tor
Stadt-
garten
Uni-
versität
Univ./Markt
Hofgarten
Akad.
Kunstmus.
Kreuz-
kirche
Arithmeum
Juridicum
Auswärtiges
Amt
Bundesz. f.
pol. Bildung
Bundesrechnungshof/
Auswärt. Amt
Bundes-
präsidialamt
Museum König
Bundes-
kartellamt
Adenauer-
Denkmal
Bundes-
kanzlerpl.
Bundes-
haus
Schiffs-
anlegestelle
Bundeshaus
Heussallee
Bundesnetz-
agentur
Pl. d.
Dt. Post
Ollenhauerstr.
Remagen
Adenauerallee
Reuterstr.
Königswinterer Str.
Siegburger Str.
A 565
WEGE 4, 5 (SÜD)
UND 6
Straßenbahn
mit Nummer
0
300 m

Transparenter als die Politik: Das Bundeshaus im Bauhausstil

Weg 4
- ㉟ Kunst- und Ausstellungshalle
- ㊱ Kunstmuseum Bonn
- ㊲ Haus der Geschichte
- ㊳ Bundeskanzleramt
- ㊴ Palais Schaumburg
- ㊵ Museum Alexander Koenig
- ㊶ Synagoge
- ㊷ Villa Spiritus
- ㊸ Villa Hammerschmidt
- ㊹ Bundeshaus
- ㊺ Wasserwerk
- ㊻ Langer Eugen
- ㊼ Schürmannbau
- ㊽ UN-Campus
- ㊾ Post Tower

Weg 5 (Süd)
- ㊿ Planetenlehrpfad Beginn
- (51) Ernst-Moritz-Arndt-Haus
- (52) Collegium Albertinum
- (53) Alter Zoll
- (54) Ägyptisches Museum
- (55) Opernhaus
- (56) Et Bröckemännsche
- (57) Synagogenmauer

Weg 6
- (61) Heimatmuseum Beuel
- (62) Junges Theater Bonn
- (63) Pfarrkirche St. Josef
- (64) Beueler Bahnhof
- (65) Versöhnungskirche
- (66) Synagogenplatz
- (67) Zum Bahnhöffche
- (68) Mehlem'sches Haus
- (69) Waschfrau

das Grundgesetz verkündet. Untergebracht ist das Bundeshaus im Gebäude der 1930–1933 im Bauhausstil errichteten ehemaligen pädagogischen Akademie. Die Aula im Altbau diente anfangs als Tagungsort für den Parlamentarischen Rat. Als Mitte der 1980er Jahre mit dem Bau des neuen Plenarsaals des Deutschen Bundestages begonnen wurde, mussten die Parlamentarier solange in das Alte Wasserwerk ausweichen. Am 30. Oktober 1992 war es dann so weit: Der helle, transparent wirkende neue Plenarsaal wurde eingeweiht. Ganze sieben Jahre diente er dem Bundestag. Seit 1999 streiten die Abgeordneten in Berlin. Heute ist der Gebäudekomplex Teil des Internationalen Kongresszentrums (Führungen Sa, So, Fei, Anmeldung über Bonn Information).

4 Karte Seite 62

Das Wasserwerk ㊺

Während das neue Plenargebäude entstand, tagte von 1986 bis 1992 der Deutsche Bundestag im Pumpenhaus des 1950 stillgelegten Wasserwerks. Die Abgeordneten saßen hier äußerst beengt, als die gewählten Vertreter der neuen Bundesländer hinzukamen, musste man sogar Klappstühle aufstellen. Viele historische Entscheidungen sind im Wasserwerk getroffen worden, so auch die Entscheidung für den Umzug nach Berlin! Das Gründerzeitgebäude aus dem Jahr 1875 ist als technisches Denkmal eingestuft und wird weiterhin als Tagungsstätte genutzt. Wegen seiner guten Akustik finden hier auch klassische Konzerte statt (Führungen im Wechsel mit Bundeshaus Sa, So, Fei, Termine und Anmeldung über Bonn Information).

»Langer Eugen« ㊻ und Schürmannbau ㊼

4 Karte Seite 62

Das ehemalige **Abgeordnetenhaus** trägt seinen Spitznamen nach dem Bundestagspräsidenten Dr. Eugen Gerstenmaier, der den Hochhausriesen durchsetzte, im Volksmund »Eugens Rache« genannt. Das 112 m hohe Turmhaus mit 30 Etagen wird inzwischen von Einrichtungen der Vereinten Nationen genutzt.

Ein Fiasko wurde der **Schürmannbau.** Nach dem größten Architektenwettbewerb der deutschen Geschichte wurde das Gebäude, das als Bürohaus für die Abgeordneten dienen sollte, nach Plänen des Kölner Architekten Joachim Schürmann gebaut. Doch noch vor Fertigstellung ging der Bau baden. Heute sendet hier die **Deutsche Welle** auf 31 Sprachen in die ganze Welt.

Im Tulpenfeld

Der Name erinnert an jene Zeiten, als hier Landwirtschaft betrieben wurde. Nachdem Bundesministerien und Abgeordnetenbüros ansässig geworden waren, gehört das Tulpenfeld heute zum **UN-Campus** ㊽. Die Bundespressekonferenz unterhält hier ihre einzige Außenstelle. Der **Post Tower** ㊾, die Konzernzentrale der Deutschen Post AG, ist mit seinen 162,5 m das höchste Gebäude der Stadt und überragt sogar den Kölner Dom. Die Glasfassade steht für Offenheit, die Glasebenen zwischen den beiden Gebäudehälften in jedem neunten Stockwerk werden Skygärten genannt und dienen als luftige Kommunikationsflächen für die Mitarbeiter. Schon kurz nach seiner Fertigstellung wurde der Post Tower zum neuen Bonner Wahrzeichen. Ganz besonders schön ist er bei Nacht, wenn die Fassade in verschiedenen Farben leuchtet.

Vor allem nachts Aufsehen erregend: Post Tower

»Land unter« im Schürmannbau

Das Gebäude für die neuen Abgeordnetenbüros sollte wegen der Nähe zum Rhein in einer Wanne gebaut werden. Doch bevor der Hochwasserschutz fertig gestellt werden konnte, führte im Dezember 1993 ein extremes Rheinhochwasser zu einem Anstieg des Grundwasserspiegels. Die Tiefgarage lief voll, der Rohbau schwamm auf, hob sich um bis zu 70 cm und erlitt schwere Schäden. Noch ein halbes Jahr stand Wasser im Untergeschoss, erst vier Jahre später wurden die Bauarbeiten fortgesetzt. Eine Weile war die Schuldfrage in aller Munde, der Architekt kam zu trauriger Berühmtheit.

Weg 5

8 Auf dem Planetenlehrpfad

Altes Wasserwerk → Ernst-Moritz-Arndt-Haus → Collegium Albertinum → Alter Zoll → *Ägyptisches Museum → Beethovenhalle → Rheindorfer Burg

Am Rheinufer entlang führt der 5946 m lange Planetenlehrpfad, ein Modell unseres Sonnensystems im Maßstab von 1:1 000 000 000. Daraus ergibt sich für die Sonne ein Durchmesser von 1,40 m; die inneren Planeten Merkur, Venus, Erde und Mars sind so klein, dass die meisten Besucher ihren Augen nicht so recht trauen und die Halbkugeln lieber befühlen. Bei normalem Gehtempo benötigen Sie etwa anderthalb Stunden von der Sonne bis zum Pluto, das wäre maßstabsgetreu immerhin dreifache Lichtgeschwindigkeit!

5 Karte Seite 62

Start im Bundesviertel

Am alten **Wasserwerk** (s. S. 63) startet der **Planetenlehrpfad** 50 (www.planetenlehrpfad-bonn.de), der sehr unterhaltsam verdeutlicht, dass unser Sonnensystem nur ein winziger Teil des unendlichen Weltalls ist. Hier können schon Kinder eine Vorstellung von den riesigen Entfernungen entwickeln, die zwischen den einzelnen Planeten liegen.

Autofahrer stellen für diese Streckenwanderung ihr Fahrzeug im Kranenweg in Graurheindorf ab. Bus-Linie 638 bedient 3-mal stdl. den Hauptbahnhof, von dort mit der U-Bahn zur Haltestelle Heussallee nahe dem Startpunkt Wasserwerk.

Mehr Schein als Sein am Alten Zoll

Ernst-Moritz-Arndt-Haus 51

Das Ernst-Moritz-Arndt-Haus nahe dem Saturn (1427 m) wurde 1819 erbaut. Der Dichter, Publizist und Historiker (s. S. 20) wohnte bis zu seinem Tod 1860 darin. Für ihn ist im Erdgeschoss ein Gedenkzimmer eingerichtet, das persönliche Gegenstände wie seinen Bücherschrank und Gemälde zeigt. Im Obergeschoss ist ein sehenswerter Biedermeiersalon eingerichtet. Der auffällige Lehnstuhl, der auf goldenen Löwentatzen ruht, stammt aus dem Nachlass von Ernst Moritz Arndt und war angeblich ein Geschenk des russischen Zaren (Adenauerallee 79, nur bei Sonderausstellungen Mi–Sa 13–17, So 11.30–17 Uhr, www.bonn.de/stadtmuseum).

Zur Lese, Adenauerallee 37, Tel. 22 33 22, www.lesebonn.de. Weinrestaurant und Terrassencafé hoch über der Promenade mit Blick auf Rhein und Siebengebirge, großer Wintergarten. Edle Kreationen wie Knurrhahnfilet oder Lachswürfel in Kräuterschaum. Mo Ruhetag. ○○○

Collegium Albertinum ㊾

Vorbei an der **MEZ-Sommerzeit-Sonnenuhr,** erreicht man das Priesterseminar Collegium Albertinum, das Theologenkonvikt des Erzbistums Köln. Nicht weit von der Universität entfernt, wurde es auf einer römischen Anlage erbaut. Der 1892 fertig gestellte neogotische Bau beherbergt noch immer Teile der römischen Thermenanlage, die besichtigt werden können (tgl. 9 bis 18 Uhr).

Von hier sind es nur ein paar Schritte bis zur **Personenfähre** nach Bonn-Beuel, die tgl. zwischen 7.10 und 19.30, So ab 9 Uhr etwa im Zehn-Minuten-Takt verkehrt. An dieser Schiffsanlegestelle bestieg man schon im 19. Jh. das Dampfschiff, um das romantische Rheintal zu bereisen.

Alter Zoll ㊿

Als Alter Zoll ist die Drei-Königs-Bastion bekannt, sie war im 17. Jh. Teil des Festungsgürtels der Stadt. Wer allerdings meint, die beiden drei Meter langen Kanonen seien zur Verteidigung der Stadt Bonn eingesetzt worden, der irrt. Aus ihnen wurde nie scharf geschossen, es handelt sich um reine Salutkanonen, die 1871 zur Verschönerung des Alten Zolls dort aufgestellt wurden.

Schon im Mittelalter befand sich hier oben eine Zollstation. Überliefert ist, dass die Zöllner Seile nach Beuel spannten und so die Schiffe zum Anhalten zwangen. Heute kommen viele Bonner, um bei schönem Abendlicht den Blick auf Beuel und das nahe Siebengebirge zu genießen. Ein Ausblick, den vermutlich auch Heinrich Heine und Ernst Moritz Arndt zu schätzen wussten. Denkmäler erinnern an die beiden Dichter.

*Ägyptisches Museum (54)

Etwas versteckt im Obergeschoss des Schlosses liegt das Ägyptische Museum der Universität zu Bonn mit Exponaten aus der Zeit um 4000 v. Chr bis 300 n. Chr. Eine thematische Dreiteilung der Ausstellung macht den Besuch sehr einprägsam. Das Alltagsleben der alten Ägypter lernt man anhand von Werkzeugen, Kochutensilien, Kleidung und Schmuck im Ausstellungsteil »Haus« kennen. Der Pharaonenkult und das Verhältnis der Menschen zu ihren Göttern werden im »Tempel« u. a. anhand vergoldeter Masken und Götterfiguren veranschaulicht. Im Bereich »Grab« ist eine Fülle von Grabbeigaben ausgestellt,

Neues aus dem Weltall

»**M**ein **V**ater **E**rklärt **M**ir **J**eden **S**onntag **U**nsere **N**eun **P**laneten« hat als Faustformel ausgedient, um sich die Planeten Merkur, Venus, Erde, Mars, Jupiter, Saturn, Uranus, Neptun und Pluto zu merken. Nach aktuellem Forschungsstand ist Pluto wegen seiner geringen Größe und seiner stark geneigten Umlaufbahn kein Planet. Er wird zusammen mit Ceres und Eris und zahlreichen noch nicht klassifizierten Objekten des Kuipergürtels als Zwergplanet verstanden. An der Schautafel für Neptun verlassen Sie daher unser Sonnensystem. Ein echter Forschungsreisender scheut das Fremde nicht, wird nach Graurheindorf weiterziehen und feststellen, dass auch außerhalb des solaren Systems ein schönes Fleckchen Erde zu finden ist.

5 Karte Seite 62

Den Frankfurtern den Hintern zeigen

so dass man sich ein Bild der altägyptischen Jenseitsvorstellung machen kann (Regina-Pacis-Weg 7, Tel. 7 397 17, www.aegyptisches-museum.uni-bonn.de, Di–So 12–18 Uhr).

Opernhaus 55

An der Stelle der ehemaligen Synagoge befindet sich heute das Opernhaus, das zwischen 1961 und 1965 erbaut wurde und die Sparten Oper und Choreografisches Theater beinhaltet. Im gleichen Gebäude ist die **Werkstattbühne** untergebracht, bekannt für moderne, experimentierfreudige Aufführungen, meist von jungen Regisseuren (Am Boeselagerhof 1, Tel. 77 80 00, www.oper-bonn.de).

5 Karte Seite 62

Opera, Kapuzinerstr. 13, Tel. 69 46 66. Türkische Küche, viele Promis. Nach dem letzten Vorhang in der Oper gegenüber wird es voll. OO

Heimatlos, Rheingasse 7, Tel. 3 36 04 90, www.heimatlos-bonn.de. Bar mit dezentem Ambiente und House Music. So–Do 18–3, Fr, Sa 18–5 Uhr.

Kennedybrücke

Sie galt als die schönste aller Rheinbrücken: die 1898 nach Plänen des berühmten Architekten Bruno Möhring (1863–1929) erbaute Rheinbrücke zwischen Bonn und Beuel. Als sich am 8. März 1945 die deutschen Verbände vor den einrückenden alliierten Truppen zurückzogen, befahlen sie die Sprengung der Brücke. Ein Zivilist soll den Befehl ausgeführt haben und dafür angeblich von seinen Mitbürgern erschlagen worden sein. 1948/49 entstand an der Stelle der alten Rheinbrücke die heutige Kennedybrücke, 1963 zu Ehren J. F. Kennedys so benannt.

Et Bröckemännsche 56

Am Bau der ersten Rheinbrücke von Bonn nach Beuel beteiligten sich die Beueler finanziell nicht. Verärgert gaben die Bonner eine Skulptur in Auftrag, die einen Mann darstellt, der seinem Betrachter bei heruntergezogener Hose das Hinterteil zeigt. Dieses Brückenmännchen war quasi ein nachbarschaftlicher Gruß der besonderen Art. Nach der Sprengung der Rheinbrücke 1945 konnte das Brückenmännchen aus den Fluten des Rheins gerettet werden. Seit 1949 ziert es (als Kopie) wieder die Rheinbrücke, zeigt aber nun Richtung Frankfurt, dem Bonn kurzfristig in der Hauptstadtfrage vorgezogen worden war. Für die Restaurierung soll der Bonner Bildhauer Jakobus Linden eine urrheinische Rechnung geschrieben haben: »Däm Bröckemännsche de Botz jeflick«.

Bonn Castell

Nördlich der Kennedybrücke, direkt am Rhein, steht die **Synagogenmauer** 57. Es handelt sich nicht um eine Originalmauer, sondern um eine, die aus Steinen der zerstörten alten Synagoge errichtet wurde und einen stilisierten Davidstern zeigt. Auf dem Planetenlehrpfad erreichen Sie hier den Uranus in 2870 m Entfernung vom Startpunkt.

Weiter entlang des Erzbergerufers gelangt man zur **Beethovenhalle** 58. Seit ihrer Einweihung 1959 ist sie ein beliebter Kongress- und Konzertsaal, der Ort, an dem die Bundespräsidenten gewählt wurden, wo die Bundespressebälle stattfanden – und nach wie vor natürlich die internationalen Beethovenfestspiele. Nicht zuletzt ist hier der Sitz des Beethovenorchesters. Fasziniert sind die meisten Besucher von der 1986 aufgestellten Beethoven-Betonbüste **Beethon** vor der Halle. Von der Seite betrachtet ist es ein abstraktes Kunstwerk, nur von vorne ist das Konterfei Beethovens zu erkennen.

Ein Abstecher zur Ecke Römerstraße/Augustusring führt Sie zum **Römischen Schwerlastkran** 59, der die Nordostecke des ehemaligen Römerlagers markiert. Handwerker haben ihn nach dem Vorbild eines römischen Reliefs aus dem 2. Jh. gefertigt. Er kann Lasten bis 5 t bis zu 8 m horizontal und vertikal bewegen.

Letzte Station: Pluto

Kurz vor der **Friedrich-Ebert-Brücke** treffen Sie auf Neptun (4497 m). Die Schrägseilbrücke trägt die A565 und wird gerne »Rheinharfe« genannt. Nun muss die Rheinpromenade kurz verlassen werden, der Fuß- und Radweg verläuft um den **Rheindorfer Hafen** herum. Wieder zurück an der Promenade, hat man die letzte Station erreicht: Pluto. Der Arme hatte es wahrlich nicht leicht. Die Installation seiner fertigen Informationstafel verschob sich wegen eines Neubaugebietes um drei Jahre. Dann – kaum ein Jahr nach der Montage – wurde ihm der Planetenstatus aberkannt. Ziel des Planetenlehrpfades sind die Pfarrkirche St. Margareta und die **Rheindorfer Burg** 60.

Weg 5 (Nord)
58 Beethovenhalle
59 Römischer Schwerlastkran
60 Rheindorfer Burg

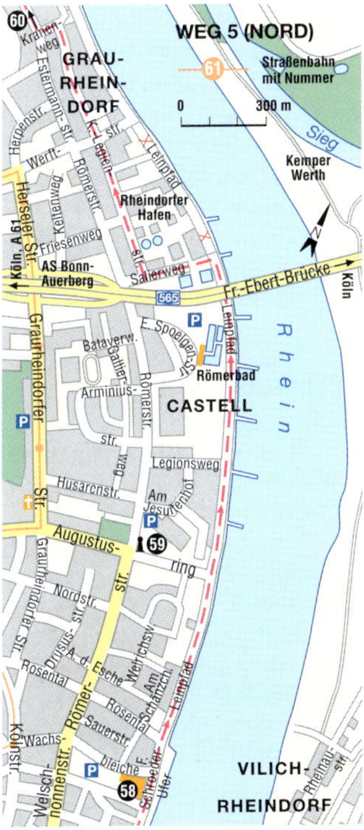

5
Karte Seite 69

Weg 6

Die »Schäl Sick«: Bonn-Beuel

***Heimatmuseum → Versöhnungskirche → Bahnhöffche → Rheinpromenade**

Wer typisch rheinisches Stadtleben kennen lernen möchte, sollte die rechte Rheinseite, die »Schäl Sick«, besuchen. Sie zählt nicht zu den üblichen Touristenpfaden, hat weder Studenten-, Villen- noch Diplomatenviertel. Und doch gibt es hier einiges zu erkunden: sehenswerte Kirchen, das zauberhafte Heimatmuseum und et Bahnhöffche. Die reine Laufzeit beträgt 45 Minuten, zählt man die Schwätzchen mit den Beuelern, die einen verwundert fragen, ob man etwas Bestimmtes suche, hinzu, werden schnell ein bis zwei Stunden draus.

6 Karte Seite 62

*Heimatmuseum Beuel (61)

Im ältesten Fachwerkhaus von Beuel wurde 1986 ein Heimatmuseum eingerichtet, das im Laufe der Jahre erweitert wurde. In der hübschen Hofanlage ist die Geschichte Beuels »vom Mammut bis zur Gebietsreform 1969« sehr anschaulich erklärt und dargestellt. Bei einem Rundgang entdeckt man Funde aus der Urzeit, nachgebaute Rüstungen aus der römischen Epoche und erfährt Interessantes aus der Deutschordensritterzeit ... In der Scheune sind Gerätschaften des bäuerlichen Lebensalltags und Handwerkszeug der Schiffer, Fischer und Wäscherinnen ausgestellt. Welch beschwerliche Arbeit die Wäscherinnen verrichteten, welche Erleichterungen die Nutzung der Wasserkraft und später der Elektrizität brachte, ist sehr einprägsam dokumentiert. Eine schöne Wäscherprinzessin bildet das Pendant zur geplagten Waschfrau. Heimelig wirken die Räume in dem Wohnhaus von 1726: Eine Schlafstube, eine Küche und die gute Stube sind originalgetreu eingerichtet. Entzückend auch das Schulzimmer aus der Kaiserzeit, wo heute Puppen an den Holztischen büffeln. Vom Stall mit einem Plumpsklo, das bis 1980 benutzt wurde, und den landwirtschaftlichen Kleingeräten gelangt man in den traditionellen Bauerngarten, wie es ihn um 1600 gegeben hat (Wagnergasse 2–4, Tel. 46 30 74, www.hgv-beuel.de, Mi, Sa, So 15–18 Uhr).

Wenn Sie nachempfinden möchten, wie die Bonner und Beueler vor dem Bau der Rheinbrücke 1898 (heute Kennedybrücke) den Rhein überquerten, sollten Sie mit der **Personenfähre Rheinnixe** übersetzen. Sie startet unterhalb von Altem Zoll und Hofgarten.

Junges Theater Bonn (62)

Es steht für Kinder- und Jugendtheater der Spitzenklasse. In der JTB Werkstatt, der Schauspielschule für Kinder und Jugendliche des Jungen Theaters Bonn, werden jährlich mehr als 700 Kinder und Jugendliche unterrichtet. Aus diesen werden die Darsteller der Theaterstücke und Musicals besetzt, die es mit jedem Profi-Ensemble aufnehmen können. Der Spielplan beschränkt sich auf eine kleine Auswahl hochkarätiger Stücke wie Astrid Lindgrens »Pippi Langstrumpf«, Michael Endes »Jim Knopf und Lukas der Loko-

Heimatmuseum im Fachwerkmantel

motivführer« und William Goldings »Herr der Fliegen«. Besonders gelungen sind die Umsetzungen der Bücher von Cornelia Funke »Herr der Diebe«, »Drachenreiter« und »Tintenherz«, für die das Junge Theater Bonn jeweils die Welturaufführung für sich beanspruchen kann (s. S. 32).

Pfarrkirche St. Josef ⓺⓷

Vis-à-vis liegt die katholische Pfarrkirche St. Josef, eine dreischiffige Basilika, die in zwei Bauabschnitten entstand. Sie ist auf einem Hügel (Bühel) errichtet worden, der Beuel seinen Namen gab. 1880 wurde mit Chor, Langhaus und Querschiff begonnen, ab 1901 kamen zum ersten Joch der Langkirche drei weitere hinzu, ferner das westliche Querschiff mit dem 70 m hohen Turm. In einer Turmnische steht eine Statue des Heiligen Josef. Im Kircheninneren sind von der Originaleinrichtung noch der Taufbrunnen, die Kommunionbank und der Kanzelkorb erhalten (8–17 Uhr).

Beueler Bahnhof ⓺⓸

Vorbei am **Hochbunker** (Goetheallee), der für 950 Menschen konzipiert wurde, in dem aber während der Bombenangriffe 1944/45 bis zu 4000 Menschen Schutz suchten, gelangt man zum Beueler Bahnhof. Er wurde zwischen 1870 und 1880 im klassizistischen Stil erbaut. Anfangs führte eine einspurige Strecke nach Troisdorf, später wurde sie zweispurig ausgebaut. Die Bahnsteigüberdachung aus

6 Karte Seite 62

Die Leute von der »Schäl Sick«

In alten Zeiten fuhr man mit den Booten in der Strömung flussabwärts, flussaufwärts wurden sie von Pferden auf Treidelpfaden gezogen. Damit sie nicht vor dem Wasser oder den anderen Booten scheuten, bekamen sie auf der linken Seite eine Scheuklappe. Wenn sie also auf der Bonner Seite am Rhein entlang flussaufwärts, also nach Süden trotteten, konnten sie die rechtsrheinischen Stadtteile nicht sehen. Wenn jemand auf dem einen Auge blind oder stark kurzsichtig ist, nennt man ihn im Rheinland »schäl«. Also war die Seite, die die Pferde nicht sahen, die »Schäl Sick«. Und so wie die Rheinschiffer damals brummelten »Nicht schlimm, da gibt es sowieso nix zu sehen«, fühlen sich heute viele Bonner auf der linken Rheinseite als die richtigen, wahren Bonner und sprechen über die Menschen im erst eingemeindeten Stadtbezirk Beuel augenzwinkernd als die »Lück op d'r Schäl Sick«, die Leute auf der blinden Seite.

Holzständerwerk ist noch erhalten und steht heute unter Denkmalschutz. Die Anbauten rechts und links des Empfangsgebäudes stammen aus den 1930er Jahren.

Versöhnungskirche (65)

Die evangelischen Familien in Beuel, die sich im Zuge der Industrialisierung ab 1860 hier angesiedelt hatten, wünschten sich Ende des 19. Jhs. eine eigene Kirche. 1894 entstand an der Siegfried-Leopold-Straße die Backsteinkirche mit dem zierlichen Turm, die den Namen Versöhnungskirche trägt. Es handelt sich um eine Saalkirche mit drei Achsen, einem einjochigen Vorbau und einem Sakristeianbau. Das Seitenschiff wurde 1959 angebaut, seit 1988 beherbergt sie eine vielseitig einsetzbare Orgel mit 16 Registern und 39 Glocken.

Im **Kulturzentrum Brotfabrik** ist abends jede Menge los. Die ehemalige Germania Brotfabrik ist heute ein alternatives Kulturzentrum. Die alten Fabrikhallen beherbergen einen Theatersaal, ein Programmkino, Atelier, eine Theaterwerkstatt und eine Kneipe (Kreuzstr. 16, Tel. 42 13 10, www.brotfabrik-theater.de, www.bonnerkinemathek.de).

Blaue Kerze heißt das indische Restaurant in der Brotfabrik, das auch für einen reinen Kneipengang sehr gut taugt. ○○

Synagogenplatz (66)

Die 1903 neu gebaute Beueler Synagoge wurde in der Reichspogromnacht am 9. November 1938 völlig zerstört. Unter den Beueler Juden, die vor den Nazis und der Deportation in ein Konzentrationslager flüchten konnten, befand sich Ruth Levine. Ihr Weg führte sie nach Amerika. Sie stiftete das Denkmal auf dem heutigen Synagogenplatz: Sechs dreieckige Säulen bilden einen Davidstern, eine Relieftafel zeigt die alte Synagoge vor ihrer Zerstörung.

Im **Brückenforum** finden tolle Konzerte und Partys statt. Programm unter www.brueckenforum.de (s. auch S. 35).

Zum Bahnhöffche (67)

Um die Bahnhöfe der Bundesbahn und der Bröltalbahn voneinander zu unterscheiden, nannten die Bonner den westlichen Endpunkt der Bröltalbahn »Bahnhöffche«. Das Bröltal-Bahnhöfchen ist heute ein technisches Denkmal der 1951 stillgelegten Bahnstrecke nach Waldbröl und Asbach im Westerwald. Die Schmalspurbahn war ab 1863 in Betrieb, sie wurde zunächst von Pferden gezogen. 1871 stellten die Betreiber auf Dampfbetrieb um. Im Stationsgebäude von 1891 findet man inzwischen statt Fahrkarten Speisekarten, hier lädt ein Restaurant mit Biergarten zur Rast ein – beliebter Zwischenstopp bei rechtsrheinischen Radtouren auf dem »Erlebnisweg Rheinschiene«. Im Sommer aalen sich auf dem Mini-Sandstrand unterhalb des Biergartens die Sonnenanbeter.

Im **Bahnhöfchen,** Rheinaustr. 116, Tel. 46 34 36, www.bahnhoefchen.de, speist und trinkt man im ehemaligen Bahnhofsgebäude oder auf dem alten Bahnsteig, der inzwischen zu einer beheizbaren Terrasse umgebaut wurde. ○○

6
Karte Seite 62

Die Rheinpromenade

Am Bahnhöfchen beginnt die breit ausgebaute Rheinpromenade, die zum Flanieren einlädt. Das **Kriegerdenkmal** zum Gedenken an die Gefallenen des Deutsch-Französischen Krieges 1870/71 wurde 1877 aufgestellt. Es zeigt einen Adler auf einer Säule. An dieser Stelle wurde 1673 eine Gierponte in Betrieb genommen, eine Fähre, die an einem langen Drahtseil hängt und mit nur wenig Steuerarbeit der Fährleute durch die Strömung von einem Ufer zum anderen gezogen wird.

An der Kennedybrücke verlässt man die Rheinpromenade kurz für einen Abstecher zum **Mehlem'schen Haus** 68. Das Wohnhaus der Familie Mehlem in der Rheinaustraße ist neben dem Lippischen Palais in Oberkassel und der heutigen Hauptpost das einzige spätbarocke Patrizierhaus auf Bonner Stadtgebiet. Die repräsentative Villa wurde 1785 für Franz Joseph Heinrich Mehlem errichtet, den ehemaligen Brückenmeister, der für

Flanieren an der Rheinpromenade

den reibungslosen Betrieb der Gierponte zuständig war. Die Fassade ist streng gegliedert und durch zwei seitliche Toreinfahrten eingerahmt. Heute hat die Musikschule Bonn hier ihren Sitz.

Wieder zurück auf der Promenade, lädt ein kleines **Amphitheater** zum Verweilen ein. Bei genauerem Hin-

6
Karte Seite 62

Die ganze Welt ist eine Bibliothek!

Im Bonner Stadtgebiet gibt es gleich zwei öffentliche Bücherschränke: auf der Poppelsdorfer Allee (s. S. 48) und am Beueler Rheinufer (s. S. 74). Bei genauerer Durchsicht der Bücher fallen kleine gelbe laufende Bücher auf den Einbänden auf. Sie sind das Zeichen der weltweiten Bookcrossing-Bewegung, in der es mittlerweile über 500 000 Büchernarren gibt. Nach dem Motto »Regalhaltung ist Buchquälerei« trennen sich aktive Bookcrosser von ihren Büchern, damit sie weitere Leser finden. Dazu wird das Buch in einer Datenbank unter www.bookcrossing.com registriert, erhält eine einmalige Identitätsnummer und einen erklärenden Aufkleber, dann wird es entweder an Bekannte weitergegeben oder an einem öffentlich zugänglichen Platz »ausgewildert«. Der Finder kann das Buch nun lesen und wieder an anderer Stelle liegen lassen. Wenn er seinen Fund in der Datenbank vermerkt, macht er den bisherigen Besitzer glücklich, weil dieser nun weiß, dass es seinem Buch gut geht.

schauen entdeckt man die **Hochwassermarken** vergangener Jahre und hat so die Möglichkeit, sich die Ausmaße des Rheinhochwassers in Beuel vorzustellen. Achten Sie auch auf den öffentlichen Bücherschrank (s. S. 73).

Rheinlust, Rheinaustr. 134, Tel. 46 70 91. Biergarten direkt an der Rheinpromenade mit Live-Musik und guter Küche. Besonders die Pfännchen-Spezialitäten sind zu empfehlen. ❍❍

»Die Waschfrau« ⑳

Beuel war Anfang des 19. Jhs. bekannt für seine fleißigen Waschfrauen. Beim Sturm auf das Rathaus am Donnerstag vor Karneval im Jahr 1824 erlangten sie die Oberhand über die Männer und gelten daher im Rheinland als die Erfinderinnen von Wieverfastelovend (Weiberfastnacht). Aus diesem Anlass wurde in den Karnevalstagen 1949 das Denkmal »Die Waschfrau« am Beueler Rheinufer aufgestellt. Es hat eine Vorgeschichte: 1898 wurde das Brückenweibchen zusammen mit dem Brückenmännchen an der alten Rheinbrücke angebracht, 1945 aus den Trümmern der Brücke gerettet und vier Jahre später als Personalisierung der selbstbewussten Beueler Wäscherinnen auf einem gemauerten Sockel zum Denkmal gemacht. Die meisten Betrachter assoziieren mit der übellaunig dreinblickenden Frau mit Haube und erhobenem Pantoffel die nachts auf ihren aus einer Kneipe zurückkehrenden Ehemann eindreschende Gattin. Auf der Sockelplakette steht geschrieben: »De Welt is e Lake, dat selvs de Beueler Wiever net wäsche könne.« (Die Welt ist ein Betttuch, das selbst die Beueler Frauen nicht waschen können.)

6
Karte Seite 62

Weg 7

*Freizeitpark Rheinaue

Rosengarten → Japanischer Garten → Bismarckturm → Bienenhaus → Große Blumenwiese

Wer alle Wege in den Rheinauen abgehen will, ist zwei Tage unterwegs. Um die Schönheiten des Parks kennen zu lernen, reicht jedoch auch ein Spaziergang von zwei Stunden auf der linksrheinischen Seite. Das Gelände ist ein beliebtes und abwechslungsreiches Naherholungsgebiet mit Themengärten, Kunstobjekten, Spielplätzen, gepflegten Wiesen und Sportmöglichkeiten. Startpunkt ist der große Parkplatz an der Ludwig-Erhard-Allee.

Rosengarten ⑳

Im Sommer ist der Rosengarten ein kleines Paradies: Rosen, so weit das Auge reicht. Auf Parkbänken sitzt man unter rankenden Kletterrosen, wer ein Buch oder einen netten Gesprächspartner dabei hat, verbringt schnell einen halben Tag in der Idylle.

Unterhalb des **Rheingarten-Pavillons** steht das **Beethoven-Ewigkeits-Denkmal** ㉑, eine Skulptur des sitzenden Beethoven. Sie wurde 1936 gefertigt und stieß bei der Bevölkerung auf wenig Begeisterung. Vielfach wurde vermutet, der Komponist sitze in einer Badewanne oder liege gar im Sterben. Aber es entsprach dem Kunstgeschmack der Nazis, die das Projekt durch eine Spende unterstützten. Die Skulptur wurde erst wieder im

Elefantenbrunnen: Jeder der Blinden ertastet etwas anderes, und es bricht Streit aus

Rheinauenpark aufgestellt, als man nach Attraktionen für die Bundesgartenschau im Jahre 1979 suchte, die mit wenig Kosten verbunden waren.

Parkrestaurant Rheinaue, Ludwig-Erhard-Allee 20, Tel. 37 40 30, www.rheinaue.de. Internationale Küche mit Spezialitäten der Saison. Riesiger Biergarten, im Sommer Fr ab 19.30 Uhr Jazz auf der Terrasse. ❍❍

Am Auensee

In einer **Kaskade** ⑫ fällt das Wasser zunächst einige Meter hinab und fließt in den Auensee. Dieses Schauspiel betrachtet man schön über das Geländer gelehnt hinter dem **Löffelwald** ⑬, einer Gruppe von Metallstäben, an denen runde Aluminiumplatdie Sonne reflektieren. Nahebei zeigt die **Römische Gräberstraße** ⑭ 26 Abgüsse römischer Steindenkmäler aus dem Landesmuseum. Das **Freilichttheater** ⑮ wird bei sommerlichen Veranstaltungen genutzt.

Im Sommer wird am Auensee ein **Bootsverleih** betrieben. Hier kann man Ruder- und Tretboote ausleihen. An anderer Stelle, dem sog. Schiffchen-See, befindet sich eine Anlegestelle für **Modellboote.**

Japanischer Garten ⑯

Etwas ganz Besonderes ist der etwas abgeschirmt gelegene, 2000 m² große Japanische Garten. Die fernöstlich anmutende Oase wird dominiert von einer 13-stufigen Pagode, die sich mit einem Teich und einem Bachlauf zu einem harmonischen Ganzen fügt.

Blindengarten ⑰

Nicht weit entfernt liegt der Blindengarten, dessen Pflanzen nach ihrem charakteristischen Duft oder ihrer unverwechselbaren Form ausgewählt wurden. In der Mitte des Gartens fällt der **Elefantenbrunnen** auf, der symbolisch für die indische Sage von den fünf Blinden, dem Elefanten und der Wahrheit steht.

Tritt man aus dem Blindengarten heraus, erkennt man den **Totempfahl,** ein Geschenk Kanadas, das zum Wahrzeichen des Parks geworden ist.

7 Karte Seite 76

Beim **Rheinauenflohmarkt** (April–Okt. jeden 3. Sa im Monat, 8–18 Uhr) verkaufen ausschließlich Amateure ihre Speicherfunde und Kellerschätzchen.

Richtung Rheinufer

Über mehrere Holzbrücken gelangt man zu einer **Bodensonnenuhr** 78. Man stelle sich der Anweisung folgend auf die Markierungen und kann am eigenen Schatten die Uhrzeit ablesen.

Blumenwiese

Hobbygärtner finden im **Deutschen Garten** 79 Anregungen zur Gestaltung der heimischen Staudenbeete, im **Bienenhaus** 80 zeigt der Bonner Bienenzuchtverein von Mai bis September, wie Honig und Wachs gewonnen werden, und die **Große Blumenwiese** 81 bietet sich zum Picknicken an.

! **Minigolfanlage** am zentralen Parkplatz mit Billard-Golf und Jet-Golf.

Weg 7:
- 70 Rosengarten
- 71 Beethoven-Ewigkeits-Denkmal
- 72 Kaskade
- 73 Löffelwald
- 74 Römische Gräberstraße
- 75 Freilichttheater
- 76 Japanischer Garten
- 77 Blindengarten
- 78 Bodensonnenuhr
- 79 Deutscher Garten
- 80 Bienenhaus
- 81 Große Blumenwiese

7
Karte Seite 76

Weg 8

Bad Godesberg

Stadtpark → **Godesburg → Draitschbrunnen → La Redoute → *Schwann'sches Haus → Schloss Rigal

Zu Hauptstadtzeiten war Bad Godesberg die »Diplomatenstadt«, die nach Bonn führende B9 nannte man augenzwinkernd »Diplomatenrennbahn«. Hier verabschiedete die SPD 1959 ihr »Godesberger Programm« und vollzog damit den Wechsel von der sozialistischen Arbeiterpartei zur Volkspartei. Das bis 1969 eigenständige Bad Godesberg blieb von den Bombenangriffen des Zweiten Weltkriegs verschont, die herrschaftlichen Villen und Stadthäuser sind bis heute Sitz von Botschaften und Konsulaten. Und über allem erhebt sich die Ruine der Godesburg. Der Rundgang durch den lebensfrohen Kurort dauert etwa eine Stunde.

Im Stadtpark

Der Rundgang beginnt im Stadtpark. Hier befindet sich die Bad Godesberger **Stadthalle** 82, ein beliebter Veranstaltungsort für Konzerte, Tagungen und Familienfeste. Im nahe gelegenen **Trinkpavillon** 83 wird in den Sommermonaten das Heilwasser der Kurfürstenquelle ausgeschenkt. Sie können auch Flaschen mitbringen und sich etwas abfüllen lassen. Entzückend ist das **Kleine Theater** 84 im ehemaligen Bürgermeisterhaus von Bad Godesberg, das gerade 161 Sitzplätze hat und eine gelungene Mischung aus Klassikern und modernen Stücken, Komödie, Tragödie, Oper, Musical und Kriminalstücken auf die Bühne bringt (Koblenzer Str. 78, Tel. 36 28 39, www.kleinestheater-badgodesberg.de).

Jeden Sa um 16 Uhr wird in den **Rigal'schen Wiesen** ein Fußballspiel angepfiffen, bei dem jeder mitmachen darf.

Alte Apotheke 85

Die Alte Apotheke ist ein klassizistischer Bau, den der Apotheker Theodor Pfaffenberger ab 1840 errichten ließ und die bis heute das Stadtbild der Fußgängerzone bestimmt. Die Inneneinrichtung aus dieser Zeit ist teilweise noch vorhanden: Regal- und Schrankeinbauten, Arzneigefäße, Apothekenwaagen und Mörser. Auch das Gemälde des letzten Kurfürsten zu Köln, Max Franz (1784–1801), an der Rückwand ist ein Original. In der Apotheke wohnte Robert Schumann für acht Tage und arbeitete an der Komposition »Vom Pagen und der Königstochter« op. 140.

Lange Zeit galt **Zur Lindenwirtin Aennchen,** Aennchenplatz 1, Tel. 31 20 51, als das bekannteste Gasthaus Deutschlands (s. S. 78). Bei der legendären Lindenwirtin lässt es sich auch heute noch vorzüglich speisen. So Ruhetag. ○○○

Am Michaelsplatz

Ein Serpentinenweg führt durch dichten Wald hinauf zur **Godesburg.** Im Herbst und Winter ist er wegen Laub, Schnee und Eis gesperrt, dann geht man über den Michaelsplatz (City-Terrassen) den befestigten Weg mit den Kreuzwegstationen hoch. Bücherwür-

8
Karte Seite 81

Einst bekannte Studentenkneipe

mer und Leseratten haben hier die größte Fundgrube frei zugänglicher Bücher im Bonner Stadtgebiet. In der »Offenen Bücherstube«, einem gläsernen Pavillon, kann man sich setzen, um ein Buch anzulesen (9 bis 22 Uhr).

Post für Aennchen

Aennchen war die bekannte Lindenwirtin, die am Fuße der Godesburg ihre Studentenkneipe betrieb. Einige deutsche Offiziere und Lindenwirtin-Fans sollen ihr aus China eine Karte nur mit der Anschrift »n Deutschland« geschickt haben. Die Karte erreichte die Adressatin! Auch den Postleuten war klar, dass das kleine »N« ein »Aennchen« ist und es sich nur um das Godesberger Aennchen handeln konnte. Zu ihrem 75. Geburtstag soll sie Tausende von Glückwunschkarten erhalten haben.

Die **Kammerspiele Bad Godesberg** bieten Inszenierungen klassischer und moderner Dramen (Am Michaelshof 9, Tel. 77 80 08, www.oper.bonn.de).

9 Die **Godesburg (86)

Sie ist eine der malerischsten Burgruinen am Rhein. Historiker vermuten, dass der **Godesberg** schon in der Steinzeit als »Fluchtburg« diente, später von Kelten und Germanen bewohnt wurde. Dass die Römer auf dem Berg siedelten, beweist ein in die Godesburg eingemauerter Altarstein. Bevor der Kölner Erzbischof Dietrich I. von Hengebach 1210 in romantischer Lage die Godesburg als typische Gipfelburg mit ovalem Grundriss erbauen ließ, diente der Berg als Friedhof, auf dem die Franken ab dem 8. Jh. ihre Toten bestatteten. Zugleich wurde hier der Heilige Michael verehrt. 1583, im Truchsessischen Krieg, wurde die Burg gesprengt und war fortan unbewohnbar. Die Ruine wurde der Stadt Godesberg 1891 durch Kaiser Wilhelm II. geschenkt. Besucher können den 32 m hohen Burgturm besteigen. Von hier bietet sich ein fantastischer Blick über das Rheintal.

Die **Michaelskapelle** (87) unterhalb der Godesburg soll bald wieder für Publikum geöffnet werden. Eine Nonne wird als Eremitin in die Klausnerstube ziehen, dann kann die reich ausgestattete Kapelle mit den Altären für die Erzengel Gabriel, Michael und Raphael wieder besichtigt werden. Auf dem unter Denkmalschutz stehenden **Burgfriedhof** (88) finden sich die Gräber vieler historischer Persönlichkeiten, wie der Lindenwirtin Aennchen, des Bankiers Gier oder des Politikers Herbert Wehner. Angeschlossen ist ein kleiner jüdischer Friedhof.

8 Karte Seite 81

Trutzige Godesburg: Aufwändig sanierte Ruinenikone am Rhein

Die Aussichtsterrasse des **Restaurants Godesburg** ist ideal für eine kleine Rast mit Blick auf Stadt und Rheintal. Einmal im Monat wird ein Krimidinner mit 4-Gänge-Menü angeboten. Historische Räume wie der Rittersaal und die Weinstube bieten ein fantastisches Ambiente für einen festlichen Abend (Tel. 31 60 71, www.godesburg-bonn.de).

Zum Draitschbrunnen 91

Über die Burgstraße, wo man linker Hand **St. Marien** 89, eine in neugotischem Stil errichtete katholische Pfarrkirche, und in einem Abstecher von der Brunnenallee die evangelische **Marienforster Kirche** 90 besichtigen kann, gelangt man zum **Draitschbrunnen,** der zu einem schönen Trinkpavillon ausgebaut worden ist. Hier kommen die Kurgäste auf ein Glas Mineralwasser zu Besuch, die Bonner lassen sich die guten Tropfen in die mitgebrachten Flaschen und Kanister füllen, die vom eisenhaltigen Wasser zum Teil schon ganz rot sind. Das Quellwasser schmeckt intensiv nach den enthaltenen Mineralien (Mo bis Fr 13.30–18, Sa 9–14 Uhr).

Die Sprengung der Godesburg

Der Kölner Erzbischof Gebhard Truchsess von Waldburg sagte sich 1582 öffentlich von der katholischen Kirche los und trat zum Calvinismus über. Kein Wunder, dass er abgesetzt und exkommuniziert wurde. Als sein Nachfolger Ernst von Bayern gewählt wurde, verschanzte sich Gebhard in der Godesburg. Am 17. Dezember 1583 sprengten die bayrischen Truppen die Godesburg mit einer 1500-Pfund-Mine. Es folgte der nach Gebhard benannte Truchsessische Krieg, ein Glaubenskrieg zwischen Gebhards protestantischen Anhängern und dem katholischen Kölner Domkapitel. An dessen Ende blieb das Rheinland katholisch, Gebhard floh nach Westfalen.

8 Karte Seite 81

Französisches Flair mitten in Bonn vermittelt La Redoute

*Schwann'sches Haus 92

In der Elisabethstraße steht das älteste Haus Bonns, das Schwann'sche Haus. Gebaut wurde der Fachwerkhof allerdings Anfang des 17. Jhs. in der Burgstraße, unmittelbar neben dem Aufgang zur Godesburg. Im Zuge der Godesberger Altstadtsanierung musste es der mehrspurigen Durchgangsstraße weichen. 1978 zerlegten Restauratoren das Haus in seine Einzelteile und rekonstruierten es am Aufgang zum Redoutenpark. Leider ist es nur von außen zu besichtigen.

Redoutenpark

Der zauberhafte Park mit einer stellenweise herrlichen Aussicht auf das Siebengebirge ist im englischen Gartenstil angelegt. Aufmerksamkeit verdient die Skulptur einer kleinen Nymphe. Sie war 1912 als Bachnymphe für den Godesberger Bach an dessen Mündung in den Rhein aufgestellt worden. Die braven Bürger waren entsetzt über den Nackedei und forderten mit Unterstützung der katholischen Geistlichkeit die sofortige Entfernung von der Rheinpromenade. Für eine Beruhigung der Gemüter sorgte ein Sachverständigengutachten, das feststellte, die Skulptur sei ein Kunstwerk und könne daher gar nicht anstößig sein. Seit 1988 steht sie vor der Redoute.

La Redoute 93

»La Redoute« ist der französische Begriff für ein Ballhaus, abgeleitet aus dem italienischen »Ridotto« (Maskenball). Die Godesberger Redoute wurde ab 1790 von Kurfürst Max Franz als Tanzhaus für die Hofgesellschaft angelegt. Der noble klassizistische Bau sollte Werbung und Aushängeschild für sein Heilbad sein. 1792 begegnete Joseph Haydn in der Redoute dem jungen Beethoven, ein Jahr später fand hier die deutsche Erstaufführung von Mozarts »Zauberflöte« statt. Bis 1794 war die Redoute Opernsaal, später Spielbank (bis 1818), nach dem Zweiten Weltkrieg Clubhaus der französischen Besatzer und später u. a. Ort für Staatsempfänge. Heute finden hier

8
Karte Seite 81

wieder Konzerte statt. Das **Redüttchen,** das kleine Gebäude nebenan, wurde zu kurfürstlichen Zeiten als Gärtnerhaus, Apotheke und Pferdestall genutzt. Heute wird darin ein Restaurant betrieben.

Das Haus an der Redoute ㉔

Einst diente es als Kurfürstliches Theater; heute präsentiert das Haus an der Redoute in Wechselausstellungen Künstler aus Bad Godesberg und dessen Partnerstädten sowie stadthistorische Ausstellungen. Das Haus hat einen hohen Stellenwert im kulturellen Leben Bad Godesbergs, hier finden Empfänge, Lesungen und Kammermusikabende statt (Tel. 77 46 63, Di–So 10–17 Uhr).

Kurfürstliche Logierhäuser ㉕

Im grünen Gebäudeteil der Kurfürstlichen Logierhäuser neben dem ehemaligen **Hoftheater** wohnte zu Beethovens Zeiten Neefe, sein Lehrer. Die 1858 fertig gestellte **Rigal'sche Kapelle** ㉖ wird heute von der französischsprachigen evangelischen Gemeinde genutzt. Sie gehörte zum **Schloss Rigal** ㉗, das lange Zeit Teil der Chinesischen Botschaft war und momentan leer steht.

Weg 8

- 82 Stadthalle
- 83 Trinkpavillon
- 84 Kleines Theater
- 85 Alte Apotheke
- 86 Godesburg
- 87 Michaelskapelle
- 88 Burgfriedhof
- 89 St. Marien
- 90 Marienforster Kirche
- 91 Draitschbrunnen
- 92 Schwann'sches Haus
- 93 La Redoute
- 94 Haus an der Redoute
- 95 Kurfürstliche Logierhäuser
- 96 Rigal'sche Kapelle
- 97 Schloss Rigal

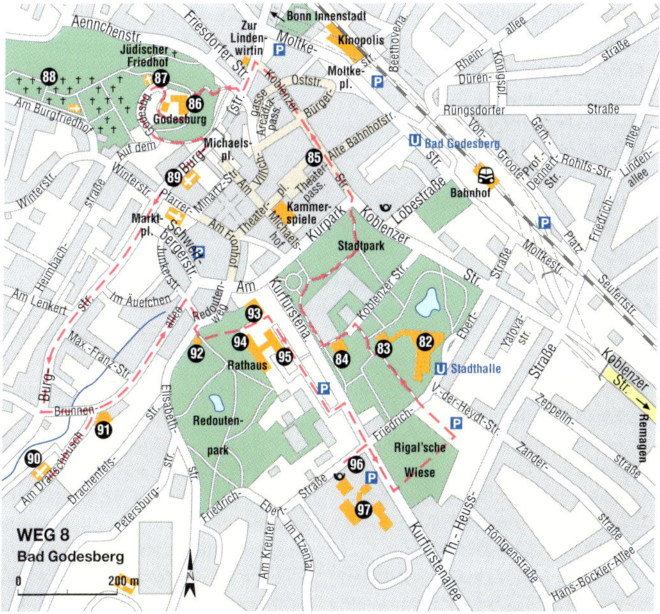

8
Karte Seite 81

1
Karte
Seite
85

Tour 1

Das Siebengebirge

Rolandseck → Bad Honnef → Rhöndorf → ***Konrad Adenauer-Haus → Königswinter → **Drachenfels → Petersberg → Chorruine Heisterbach → Oberdollendorf

Das Siebengebirge ist eines der ältesten Naturschutzgebiete Deutschlands und an den Wochenenden für viele Bonner ein beliebtes Wanderrevier. Konrad Adenauer verbrachte seine letzten Jahre mit Blick auf den berühmten Drachenfels, der durch seine beiden Burgen und die malerische Rheinlage einfach unverwechselbar ist.

Rolandsbogen ❶

Der 105 m über dem Rhein gelegene Rolandsbogen, das Symbol der Rheinromantik schlechthin, ist das Relikt einer im 12. Jh. erbauten Burg, die 1673 bei einem Erdbeben zerstört wurde. Von der ehemaligen Burg Rolandseck ist lediglich ein Burgfenster erhalten geblieben, und selbst das stürzte am 28. Dezember 1839 ein. Dank der Bemühungen des Dichters Ferdinand Freiligrath, der Spenden eintrieb, wurde der Rolandsbogen schon im darauf folgenden Jahr wieder aufgebaut. Gemeinsam mit den gegenüberliegenden Burgen Drachenfels und Wolkenburg sicherte Burg Rolandseck ehemals die Südgrenze des kurkölnischen Territoriums. Ein steiler Fußpfad führt von der Rheinpromenade hinauf. Sanfter bergan geht es von Mehlem auf dem asphaltierten Höhenweg am **Rodderberg.**

Restaurant Rolandsbogen, An der Burgruine, Remagen, Tel. 0 22 28/3 72, Zufahrt gesperrt, Sa 14–18, So/Fei 10–18 Uhr, Mo/Di Ruhetag, www.rolandsbogen.de. Hoch über dem Rhein liegt das empfehlenswerte Restaurant mit Biergarten, in dem erlesene Spezialitäten der Gourmetküche kredenzt werden. ○○○

Rolandseck ❷

Die Strominsel **Nonnenwerth** ❸ hat eine lange kirchliche Tradition: Von 1126–1821 lebten Benediktinerinnen in der Klosteranlage. Nach der Säkularisation wurde das Kloster zeitweilig als Gasthaus genutzt. Franz Liszt zählt zu den berühmtesten Besuchern der Schenke. Doch nicht nur das Stück »Die Zelle in Nonnenwerth« erinnert an Liszts Aufenthalte auf der Insel, der Komponist pflanzte hier eigenhändig eine Platane. Seit 1854 ist Nonnenwerth in der Hand der Franziskanerinnen, die ein Privatgymnasium betreiben. Besucher müssen sich vorher beim Kloster anmelden (Tel. 0 22 28/ 6 00 90, www.nonnenwerth.org).

Der **historische Bahnhof** in Rolandseck, ein klassizistisches Bauwerk aus der Mitte des 19. Jhs., beherbergt heute das ***Arp Museum** mit einer umfangreichen Sammlung der Künstler Hans Arp (1887–1966) und Sophie Taeuber-Arp (1889–1943). Die erste Etage beherbergt Wechselausstellungen und einen Festsaal mit Café (Hans-Arp-Allee 1, Remagen, Tel. 0 22 28/9 42 50, Di–So 11–18 Uhr, www.arpmuseum.de). Im nahe gelegenen **Wildpark Rolandseck** kann heimisches Schwarz-, Rot- und Damwild gefüttert werden (Am Kasselbach 4, Remagen-Rolandseck, Tel. 0 22 28/ 4 33, www.wildpark-rolandseck.de, März–Nov. Di–So 9–17 Uhr).

1 Karte Seite 85

Ein Fensterbogen ist alles, was von der einst wehrhaften Rolandsburg blieb

Nach Bad Honnef ❹

Mit der Fähre setzt man nach Bad Honnef über (www.faehre-honnef.de, Mo–Sa 6.30–21, So 8 bis 21 Uhr). Ein beliebtes Ausflugsziel ist hier die **Strominsel Grafenwerth ❺**, die man über zwei Brücken vom Ufer aus erreicht. Vor der »Grafenwerther Brücke« liegt der »Aalschokker Aranka«, ein 1917 erbautes Schiff, das bis 1990 als Fischerboot im Einsatz war. Im Süden der Insel befindet sich das beliebte Freibad der Stadt mit Riesenrutsche. Zudem lockt ein Biergarten.

Restaurant Grafenwerth, Insel Grafenwerth, Tel. 0 22 24/7 15 35, gehobene Küche mit monatlich wechselnder Karte. ○○○

Rhöndorf ❻

Nur wenige Kilometer trennen Bad Honnef von Rhöndorf. Die barocke **Marienkapelle,** 1714–1716 aus Spendenmitteln der Rhöndorfer Bürger gebaut, nachdem die alte Kapelle durch französische Truppen zerstört worden war, ist das Wahrzeichen Rhöndorfs. Berühmtester Bürger des Ortes war zweifellos Konrad Adenauer, der hier drei Jahrzehnte, bis zu seinem Tod, lebte. Im *****Konrad-Adenauer-Haus** ist heute eine sehenswerte Gedenkstätte eingerichtet. Man kann die privaten Wohnräume des ersten deutschen Bundeskanzlers besichtigen. Im Flur steht noch das Telefon mit den verschiedenfarbigen Knöpfen, die für Standleitungen zum Wachhaus und ins Bundeskanzleramt sorgten. In einem Neubau unterhalb des Wohnhauses führt eine moderne Dauerausstellung durch das Leben und Wirken Adenauers. Dabei wird nicht nur sein politischer Werdegang beleuchtet, man lernt auch den Privatmann und Familienvater Adenauer kennen, der mit Begeisterung Rosen züchtete, Krimis liebte und gerne Boccia spielte (Konrad-Adenauer-Str. 8c, Bad Honnef-Rhöndorf, Tel. 0 22 24/92 12 34, www.adenauerhaus.de, Di–So 10 bis 16.30 Uhr, Eintritt frei).

1
Karte Seite 85

Blick über den Rhein: Der Drachenfels mit einer Höhe von 321 Metern

Auf dem nahe gelegenen **Waldfriedhof** (Löwenburgstr.) liegt Konrad Adenauer begraben. Nach dem Besuch des Grabes lässt sich eine Wanderung zur **Löwenburg,** dem mit 455 m zweithöchsten Berg des Siebengebirges, anschließen (3 km, 90 Min. ab Friedhof).

Die **Waldwirtschaft Löwenburger Hof,** Löwenburg Str. 30, Tel. 0 22 23/2 44 46, www.loewenburger-hof.de, ist nur zu Fuß erreichbar, aber die frischen Waffeln mit heißen Kirschen lassen die Mühen des Anmarsches schnell vergessen. ○○

Königswinter ❼

Nächste Station ist das vis-à-vis von Bonn gelegene Königswinter (40 000 Einw.), bekannt u. a. durch das Gästehaus der Bundesrepublik Deutschland auf dem Petersberg, in dem bedeutende Konferenzen stattfinden. Wer sich näher mit Entstehung, Landschaft und Geschichte des Siebengebirges beschäftigen möchte, der sollte das **Siebengebirgsmuseum** besuchen. In der Dauerausstellung erfährt man interessante Details zum Vulkanismus der Region, zur romantischen Verklärung des Siebengebirges und zur Entstehung des Naturschutzgebietes. Man erfährt, welche Bedeutung Schifffahrt und Flößerei auf dem Rhein, das Steinmetzhandwerk und der Weinbau besaßen. Häufig Wechselausstellungen (Kellerstr. 16, Tel. 0 22 23/37 03, Di, Do, Fr, Sa 14–17, Mi 14–19, So 11–17 Uhr, Nov.-März Mi 14–19, Sa, So 14–17 Uhr, www.siebengebirgsmuseum.de).

Heimische und exotische Fische, Krebse und Muscheln kann man im Großaquarium **Sea Life** kennen lernen. Mittelpunkt der Anlage ist ein Glastunnel im Tiefseebecken mit Rundumblick auf die Unterwasserwelt. Bei den regelmäßigen öffentlichen Fischfütterungen werden alle Fragen zur Unterwasserwelt beantwortet (Rheinallee 8 / Berliner Platz, Tel. 0 22 23/2 97 12, tgl. 10–17 Uhr, www.sealifeeurope.de).

Altes Fährhaus, Rheinallee 4, Tel. 0 22 23/2 48 68. Logenplatz am Rhein mit saisonaler Küche. ○○○

1 Karte Seite 85

▮ **Restaurantschiff Alte Liebe,** Tel. 0 22 23/2 72 38. Romantische Schiffsgaststätte auf dem Rhein. ❍❍

10 **Drachenfels 8

Angeblich erschlug Siegfried den Drachen im Siebengebirge, badete anschließend im Drachenblut und war fortan unverwundbar. So viel zur berühmten Sage, die dem Felsen seinen Namen gab. Wissenschaftlich erwiesen ist, dass der Drachenfels vulkanischen Ursprungs ist. Schon die Römer betrieben an seinem Fuß einen Steinbruch, bei extremem Niedrigwasser soll sogar ein alter römischer Hafen im Rheinbett zu sehen sein. Später wurden Steine für den Kölner Dom abgebaut, was zu handgreiflichen Auseinandersetzungen zwischen den »Steinmetzen« und der Bevölkerung führte. Von der Burg Drachenfels aus dem 12. Jh. ist nur noch eine wildromantische Ruine übrig. Am bequemsten erreicht man sie mit der **Drachenfelsbahn.** Die Fahrt dauert acht Minuten, dabei werden 220 Höhenmeter zurückgelegt. Sie wurde 1883 in Betrieb genommen und ist damit die älteste deutsche Zahnradbahn (Mai–Sept. 9–19, April 10–19, März, Okt. 10 bis 18 Uhr, alle 30 Min., Jan., Feb., Nov. Mo–Fr 12 bis 17 Uhr, www.drachenfelsbahn-koenigswinter.de). Wer den Eselsweg zu Fuß hinaufgeht – entlang den wenig schönen Felssicherungsmaßnahmen –, wird auf halbem Wege auf die **Nibelungenhalle** (15. März–15. Nov. tgl. 10 bis 18 Uhr, Winter Sa, So und Ferien 11–16 Uhr) stoßen. 1913, zum 100. Geburtstag von Richard Wagner erbaut, ehrt sie den Schöpfer des »Rings der Nibelungen«. Angeschlossen ist ein Reptilienzoo!

Kinder lieben den **Eselritt** hinauf auf den Drachenfels. Vom 1. April–31. Okt. Sa, So, Fei ab 11 Uhr. Startpunkt an der Talstation der Drachenfelsbahn.

Der **Kuckstein,** Drachenfelsstr. 90, Tel. 0 22 23/44 55, ist ein 1131 als Wirtschaftshof für die Burg Drachenfels gebautes Fachwerkhaus, in dem man heute aufs Edelste speist (www.restaurant-kuckstein.de). ❍❍❍

Das romantische **Schloss Drachenburg** wirkt älter, als es ist. Erst ab 1881 wurde das Traumschloss des Barons und Bankiers Stephan von Sarter erbaut. Der Sohn eines zu Reichtum gekommenen und geadelten Gastwirts hat es jedoch nie bewohnt (www.schloss-drachenburg.de, April bis Okt.

1
Karte Seite 85

Di–So 11–18 Uhr). Das in einem herrlichen Park gelegene Schloss besteht aus einer Vor- und einer Hauptburg. Letztere wird zurzeit restauriert und ist erst wieder Ende 2007/Anfang 2008 zugänglich. Wer Lust hat, steigt auf den Nordturm und genießt die herrliche Aussicht ins Rheintal. In der Vorburg informiert das **Museum zur Geschichte des Naturschutzes** über den langen Weg der Naturschutzbewegung in Deutschland (Tel. 0 22 23/ 70 05 70, www.naturschutzgeschichte.de, April bis Okt. Di–So 11–18 Uhr).

Ein ausgeschilderter Rundweg ergibt sich, wenn man von Königswinter zum Drachenfels aufsteigt und dort durch den dichten Wald zur **Waldwirtschaft Milchhäuschen** wandert. Fern von Autoverkehr lässt es sich hier gepflegt speisen, bevor man den Weg von knapp 30 Min. hinab nach Königswinter antritt (Di–So 10 bis 18.30 Uhr bzw. bis zur Abenddämmerung, www.milchhaeuschen.de).

Petersberg ❾

Berühmt ist der 331 m hohe Petersberg nicht wegen seiner **Wallfahrtskapelle,** sondern weil sich im **Gästehaus der Bundesrepublik Deutschland** gekrönte Häupter und Staatsleute aus aller Welt versammelten. Während der Staatsbesuche blieb die 2 km lange, serpentinenartige Auffahrt auf den Berg gesperrt. Das noch vor dem Ersten Weltkrieg hoch oberhalb des Rheins erbaute Hotel war ursprünglich »nur« ein Nobelhotel für begüterte Reisende, ab 1946 Sitz der Hohen Kommissare der West-Alliierten. 1977 ging es in den Besitz des Bundes über und wurde zum Gästehaus der Bundesregierung, in dem bedeutende Konferenzen abgehalten wurden.

Seit dem Regierungsumzug nach Berlin ist es wieder ein Hotel (Steigenberger-Kette), doch gelegentlich wird es noch für politische Tagungen genutzt. So fand im November 2002 unter schärfsten Sicherheitsvorkeh-

Wie die Riesen das Siebengebirge schufen

Der Sage zufolge staute sich der Rhein an der Stelle, wo heute die Strominseln Grafenwerth und Nonnenwerth liegen, weil sich dort eine Hügelkette befand. Hinter diesen Hügeln aber lag eine Stadt, die unter Wassernot litt. Und so beschlossen die Bürger sieben Riesen damit zu beauftragen, den Rhein von den sieben Hügeln zu befreien. Weil die Riesen jedoch nicht mit den verschmutzten Spaten nach Hause gehen wollten, reinigten sie diese schwungvoll. So entstanden die Berge. So viel zur Sage. Geologisch gesichert ist, dass das heutige Siebengebirge vulkanischen Ursprungs ist. Vor rund 28 Millionen Jahren brachten Vulkane hier heißes Magma an die Oberfläche und spuckten vulkanische Asche aus. Die stärkste Aktivität endete sechs Millionen Jahre später, danach entstanden noch lange basaltische Gesteine. Gemessen an diesen geologischen Zeiträumen, ist der Rhein ein Küken. Erst seit ca. 450 000 Jahren bahnt er sich seinen Weg durch das Rheinische Schiefergebirge. Dass ihm dabei so mancher Hügel im Wege war, beweist – genau: die Sage von den Riesen mit ihren Spaten.

rungen die Afghanistan-Konferenz auf Einladung des ehemaligen Bundesaußenministers Joschka Fischer auf dem Petersberg statt.

Margarethenhöhe ⑩

Nur wenige Kilometer hinter dem Petersberg, zwischen Ölberg und Löwenburg, liegt das **Naturparkhaus** auf der Margarethenhöhe. Die Ausstellung widmet sich der Natur des Siebengebirges, genauer den Themen Vulkane/Geologie, Steinbrüche, Wald, Kulturlandschaft und Naturschutz/Naturpark. Großes Interesse findet das dreidimensionale Landschaftsmodell des Siebengebirges (Königswinterer Str. 409, Tel. 0 22 23/90 94 94, www.naturpark-siebengebirge.de, Di–Fr 9 bis 16, Sa 15–17, So 12–16 Uhr).

Eine schöne Rundwanderung führt von der Margarethenhöhe auf dem **Ölbergringweg** rund um die beiden Ölberge (4,3 km, 90 Min.).

Berggasthof Auf dem Ölberg, Ölbergringweg 100, Tel. 0 22 23/2 19 19, www.gasthaus-oelberg.de. Grill- und Wildspezialitäten, zur Kaffeezeit reichhaltiges Kuchen- und Eisangebot. ❍❍

Heisterbacherrott ⑪

Die **Chorruine Heisterbach** ist neben dem Drachenfels das meistbesuchte Ziel im Siebengebirge. Die Abteikirche der Zisterzienser im Heisterbachtal zwischen Oberdollendorf und Heisterbacherrott wurde 1237 gebaut, sie war 44 m breit und 88 m lang. 1803 wurde das Kloster aufgegeben und als Steinbruch für den Nordkanal bei Neuss und die Festung Ehrenbreitstein in Koblenz genutzt.

Einst wurde das Kloster in seiner Größe nur vom Kölner Dom übertroffen

Vom Parkplatz »Naturdenkmal Weilberg« aus kann man zwei kleine **Rundwanderungen** zum Stenzelberg mit dem Einkehrhaus Weidmannsruh und zum **Weilberg,** einem Naturdenkmal mit fünf- und sechseckigen Basaltsäulen, machen. Beide Wege zusammen, zu einer »8« geformt, sind eine schöne kleine Nachmittagstour für die ganze Familie (5 km, 90 Min.).

Oberdollendorf ⑫

Der **Brückenhof,** ein niedliches kleines Heimatmuseum in einem hübschen Fachwerkbau, informiert nicht nur über die Heisterbacher Talbahn, sondern auch über den Arbeitsalltag von Steinmetzen, Schustern, Schreinern und Küfern vergangener Zeiten (Bachstr. 93, Tel. 0 22 23/91 26 23, Eintritt frei; 1. und 2. So im Monat 14.30 bis 17 Uhr, www.brueckenhof.de).

1 Karte Seite 85

2

Karte Seite 91

Tour 2

Im **Ahrtal entspannen

Bad Bodendorf → Bad Neuenahr → *Ahrweiler → *Altenahr

Für Weinliebhaber und Feinschmecker ist eine Reise nach Bonn ohne Abstecher ins Ahrtal unvorstellbar. Zwischen den steilen Weinbergen laden in jedem Dorf die Winzer zur Weinprobe, die vielen Weinstuben, Gasthäuser und Spezialitätenrestaurants sind ein Paradies für Gourmets. Angebaut wird an der Ahr vorwiegend Rotwein, Wanderer auf dem Rotweinwanderweg können zu jeder Jahreszeit die Winzer bei der Rebenpflege oder Lese antreffen. Der Höhenweg bietet traumhafte Ausblicke, wehrhafte Burgen und Villen aus der Römerzeit. Er führt in den Kurort Bad Neuenahr und zu den idyllischen Altstädten von Ahrweiler und Altenahr.

Bad Bodendorf 13

Das idyllische Fachwerkdorf gilt als Tor zum Ahrtal. Im Mittelalter verlief hier eine wichtige Straße, die Frankfurt mit der Kaiserpfalz in Aachen verband. Wanderrouten führen heute noch entlang der alten »Heerstraße«.

TouristService, Am Kurpark, 53489 Sinzig-Bad Bodendorf, Tel. 0 26 42/98 05 00, Mi, Do 11–13, Fr 13–15 Uhr, www.badbodendorf.de.

Der 35 km lange **Rotweinwanderweg** startet am Bahnhof.

Wandern mit Weitblick

Alle 2–5 km kann man sich entscheiden, ob man weiterwandert oder zum nächsten Ort ins Tal absteigt. Die Ahrtalbahn (RB 30) fährt bis kurz nach 21 Uhr etwa 1-mal stdl. zurück.

Bad Neuenahr 14

Über **Heimersheim** mit der alten **Burgruine Landskron** aus dem 13. Jh. auf einem 300 m hohen, markanten Basaltfelsen erreicht man Bad Neuenahr (27 000 Einw.), wo seit fast 150 Jahren Kurgäste das gesunde Quellwasser zu therapeutischen Zwecken genießen. Längst zählt Bad Neuenahr zur exklusiven Vereinigung der »Royal Spas of Europe«, hat das Quellwasser Apollinaris als »Königin der Tafelwässer« Weltruhm erlangt. Ein einzigartiges Wohlfühlangebot bewährter Kneipp'scher Naturmedizin und sinnlicher Erfahrungsmedizin bietet die »Sinfonie der Sinne« (s. Special S. 11) im historischen **Thermal-Badehaus**.

In den **Ahr-Thermen** sprudelt kristallklares heilsames Mineralwasser aus den Massagedüsen. Das kohlensäurereiche Wasser prickelt sanft auf der Haut. Aus 395 m Tiefe steigt es mit einer konstanten Temperatur von 36 °C empor, im Pool kommt es mit kuschelwarmen 31 °C an. Wärme und die gelösten Mineralien verstärken die

Weinanbau im fruchtbaren Ahrtal

Durchblutung und regen den Stoffwechsel an. Auch im Winter kann man im warmen Thermalwasser des Außenbeckens baden. In der Saunalandschaft werden täglich acht normale Aufgüsse und bis zu sechs Event-Aufgüsse angeboten, bei denen z. B. Eis oder Honig zum Einreiben gereicht werden. Die Sauna-Zeremonien sind den kleinen Aufpreis wert: Die Tropical-Zeremonie ist wie ein Ausflug in den sonnigen Süden: Aufgüsse mit Pina Colada, Maracuja und Papaya, Peelings aus Reismehl und Kaffeebohnen, dazu Obstsalat und Fruchtcocktail. Wer Ahr und Eifel in sein Herz geschlossen hat, entscheidet sich für die Eifel-Zeremonie: Aufgüsse mit Sole und Menthol, Eifelfango-Peeling und eine Haarkur aus Bier und Honig (9 bis 23 Uhr, www.ahrthermen.de).

Ein Rendezvous mit dem Glück suchen Gäste aus aller Welt in der **Spielbank Bad Neuenahr** (17–2 Uhr, www.spielbank-bad-neuenahr.de).

i **Ahrtal-Tourismus,** Hauptstr. 114, 53474 Bad Neuenahr, Tel. 0 26 41/9 17 10, www.ahrtaltourismus.de.

Wie schön, dass das **Hotel Steigenberger** mit dem Thermal-Badehaus kooperiert. Man kann seinen Urlaub doppelt genießen, wenn am Ende der Anwendung der Verwöhn-Heublumensack schon im Hotelbett wartet (Kurgartenstr. 1, Bad Neuenahr, Tel. 0 26 41/9 41, www.bad-neuenahr.steigenberger.de). ○○○

Neuenahrer Brauhaus, Hauptstr. 112, Tel. 0 26 41/95 06 60. Deftige Brauhausspeisen in einem zünftigen Bierkeller oder im Biergarten. ○○

Das **Weingut Maibachfarm** hat gegenüber dem Thermal-Badehaus eine Verkaufsstelle für Wein, Sekt, Likör, Obstbrand und Weingelee aus ökologischem Weinbau. Der Weinbergpfirsichlikör ist ein Traum! (Mo, Mi–Sa 10–18, So 11–18 Uhr.)

*Ahrweiler ⑮

Die Kreisstadt ist mittelalterlich geprägt. Durch vier mächtige Stadttore

Mörderische Eifel

Freunde des Kriminalromans sind im Ahrtal genau richtig. Die Eifelkrimis von Carsten Sebastian Henn spielen in Walporzheim und anderen Schauplätzen an der Ahr. Der Protagonist und Freizeitdetektiv Julius Eichendorf ist ein fabelhafter Koch, und so haben Henns Krimis stets ihren Schwerpunkt bei Rotwein und Kulinarischem. Von welchem Restaurant und welchen Weingütern sich der Autor beim Schreiben inspirieren ließ, müssen Sie aber vor Ort selbst ermitteln! (Emons Verlag: »In Vino Veritas«, »Nomen est Omen«, »In Dubio pro Vino«, »Vinum Mysterium«)

2 Karte Seite 91

2
Karte Seite 91

Milde Nächte in der Altstadt des mittelalterlich geprägten Ahrweiler

in der noch vollständig erhaltenen Stadtmauer mit ihren Türmen, Wallgräben und Wehrgängen betritt man die Altstadt. Kleine Gassen führen in den historischen Stadtkern von Ahrweiler. Die vielen schönen Fachwerkbauten, besonders schön zu sehen in der Niederhutstraße, beherbergen kleine Cafés, Weinhäuser und Geschäfte. Wer sich intensiver mit der Geschichte des Weinanbaus beschäftigen möchte, sollte das **Ahrweinforum** besuchen, ein Museum, das über die Geschichte des Weinbaus Auskunft gibt. Bei Führungen besichtigt man den historischen Gewölbekeller aus dem Jahr 1878 (Walporzheimer Str. 19, Tel. 0 26 41/9 17 10, Sa, So 10–12 und 13–17 Uhr).

Am Fuße des Silberbergs, am westlichen Stadtrand, wurde ein römisches Herrenhaus mit Badetrakt gefunden. Dieses ist als **Museum Römervilla** zu besichtigen und bietet einen Eindruck von der ländlichen römischen Lebensweise des 2. und 3. Jhs. (April–Okt. Di bis Fr 10–18, Sa, So 10–17 Uhr).

Rodderhof, Oberhutstr. 48, Tel. 0 26 41/39 90, www.rodderhof.de. Ehemaliges Klostergut mit geschmackvoll eingerichteten Räumen. Man speist hier auch köstliche Eifeler Gerichte. ○○

In der gemütlichen Straußwirtschaft der **Maibachfarm,** Im Maibachtal 100, Tel. 0 26 41/3 66 79, genießt man im Juni, Aug., Sept. und Okt. süffige Weine, liebliche Liköre und kristallklare Brände. Käse aus der hauseigenen Käserei und Wein aus ökologischer Landwirtschaft.

Walporzheim ⓰

Durch seine sonnige Südhanglage ist Walporzheim weithin bekannt für seinen guten Wein. Vom 13.–18. Jahrhundert gehörte das Weingut St. Peter den Kölner Erzbischöfen. Schon im 19. Jahrhundert nahm der Ort die Spitzenposition unter den Weinorten der Ahr ein.

Brogsitters Gasthaus Sanct Peter, Walporzheimer Str. 134, Tel. 0 26 41/9 77 50, www.sanct-peter.de. Im alten Kelterhaus von 1713 genießt man in drei herausragenden Restaurants regionale Küche, frisch und fantasievoll zubereitet. ○○○

Mayschoß ⑰

Die bekannte Winzergenossenschaft Mayschoß-Altenahr von 1868 ist die älteste in Deutschland. Hier lohnt die Besichtigung des alten Weinkellers mit seinen schön verzierten Holzfässern (Ahrrotweinstr. 42, Tel. 0 26 43/ 9 36 00, www.winzergenossenschaft-mayschoss.de). Auf der gegenüberliegenden Anhöhe galt die von drei Seiten von der Ahr umflossene **Ruine der Saffenburg** lange Zeit als uneinnehmbar.

Lochmühle, Ahr-Rotweinstr. 62, Tel. 0 26 43/80 80. Komfortables Hotel mit einem der besten Restaurants im Ahrtal. ○○–○○○

*Altenahr ⑱

Die Ahr macht um den Felsgrat Langfig einen großen Bogen. Das wildromantische **Langfigtal** steht unter Naturschutz und kann nur über einen Wanderweg entlang des Flussufers erreicht werden. Die Straße in den Winzerort Altenahr wird durch einen 1833 angelegten Tunnel geführt. Über

Zauberhafte Ausblicke auf Altenahr

dem Ort erhebt sich die **Burgruine Are,** der Aufstieg zum Aussichtspavillon ist der westlichste Teil des Rotweinwanderwegs (s. S. 88). Am anderen Ortsende geht es zum 354 m hohen **Ditschhardt,** hier kann anstrengendes Wandern durch eine Fahrt mit dem Sessellift ersetzt werden.

Verkehrsverein, Altenburger Straße 1 a, 53505 Altenahr, Tel. 0 26 43/84 48, www.altenahr-ahr.de.

Weingasthaus Schäferkarre, Tel. 0 26 43/71 28. Vorzügliche Lamm- und Wildspezialitäten in einem alten Fachwerkhaus. ○○○

2
Karte Seite 91

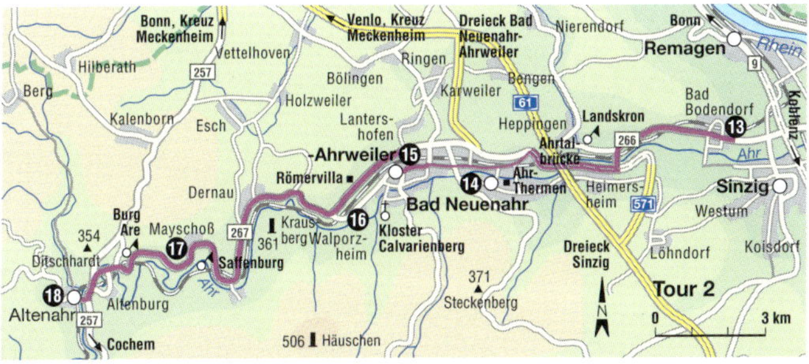

Tour 3

Durch das Vorgebirge nach Brühl

Alfter → Brühl → ***Schloss Augustusburg → ***Schloss Falkenlust → Weilerswist → Rheinbach → Burg Adendorf → Bonn-Waldau

Bergausrüstung und Kletter-Erfahrungen sind nicht erforderlich, wenn Sie sich auf den Weg ins Vorgebirge machen. Gemeint ist der Villerücken, ein zwischen Köln und Bonn westlich des Rheins verlaufender Höhenzug, kaum höher als 170 m. Erholung Suchende finden im Naturpark Rheinland zahlreiche Wanderwege und Badeseen, Kulturinteressierte sollten einen kompletten Tag für die Schlossstadt Brühl einplanen.

Auf dem Kappesweg

Im gesamten Vorgebirge wachsen vorzügliche Äpfel, Birnen, Erdbeeren, Kartoffeln und natürlich »Kappes un Schawuur«: Weißkohl und Wirsing.

In schöner Lage über dem Rheintal liegt das in der Staufferzeit erbaute und später barockisierte **Schloss Alfter** ⑲, das ein fröhlicher Ort gewesen zu sein scheint. Warum sonst würden die Skulpturen »König und Königin« so beschwingt im Schlosshof tanzen? Heute ist das Schloss Sitz einer Kunst- und Schauspiel-Hochschule. In der Galerie kann man die Temperabilder des barocken Wandermalers Renier Roidkin bewundern, der interessante Fantasielandschaften schuf (Alanus-Hochschule, Schloss Alfter, Tel. 0 22 22/9 32 10).

Ein bisschen Versailles am Rhein: Schloss Augustusburg

Die **Brombeerweinkellerei Rebellenblut** stellt einen köstlichen Brombeerwein her. Weberstr. 164, Alfter, Tel. 0 22 22/33 30, www.rebellenblut.de.

3 Karte Seite 94

Bornheim ⑳ war schon den Römern bekannt. Sie führten ihre Frischwasserleitung aus der Eifel durch Waldorf, Walberberg und Merten. Literaturliebhaber werden hier den Friedhof von Bornheim-Merten besuchen. Auf ihm liegt der Schriftsteller und Nobelpreisträger **Heinrich Böll** begraben.

Hotel Restaurant Heimatblick, Brombeerweg 1, Bornheim, Tel. 0 22 22/91 98 10, www.hotel-heimatblick.de (Mo Ruhetag). ○○

Brühl ㉑

12 *****Schloss Augustusburg** Kurfürst Clemens August legte 1725 den Grundstein für das Schloss Augustusburg auf den Ruinen eines mittelalterlichen Wasserschlosses. Er wünschte sich ein Repräsentationsgebäude mit einer Parkanlage im Stil des Schlosses von Versailles. Die dreiflügelige Anlage wurde 1766 fertig gestellt. 1984 wurde Schloss Augustusburg zusammen mit dem Jagdschloss Falkenlust und den Gärten zum UNESCO Weltkulturerbe erklärt. Eine Besichtigung ist nur im Rahmen einer etwa einstündigen Führung möglich. Auf beiden Etagen sind die Zimmer im Enfilat angelegt, d. h., man sieht durch die geöffneten Türen alle Zimmer des Flügels wie aufgefädelt. Das Erdgeschoss ist für den Aufenthalt im Som-

mer eingerichtet: Marmorboden, Fliesen und helle Töne bringen die nötige Frische in die Räume. In der darüber liegenden Etage dominieren warme Töne. Für die kälteren Tage im Jahr wurden hier Holzboden, Holzvertäfelungen und Tapete aus Ziegenleder verarbeitet. Die Etagen werden durch eine von Balthasar Neumann geschaffene, pompöse Freitreppe verbunden (www.schlossbruehl.de, Di–Fr 9–12.30, 13.30–16, Sa, So, Fei 10–17 Uhr).

***Schloss Falkenlust

Die 1728 angelegte **barocke Gartenanlage** ist dank konsequenter Pflege heute eine der wenigen noch authentischen Gartenanlagen des 18. Jhs. Clemens August liebte die Falkenjagd und ließ am Ende einer langen Allee das Schloss Falkenlust bauen. In dem grauen Jagdschloss traf er sich mit seinen Beratern, Jagdgenossen und Mätressen. Die Kabinette und Schlafzimmer sind nicht minder prunkvoll

3
Karte
Seite
94

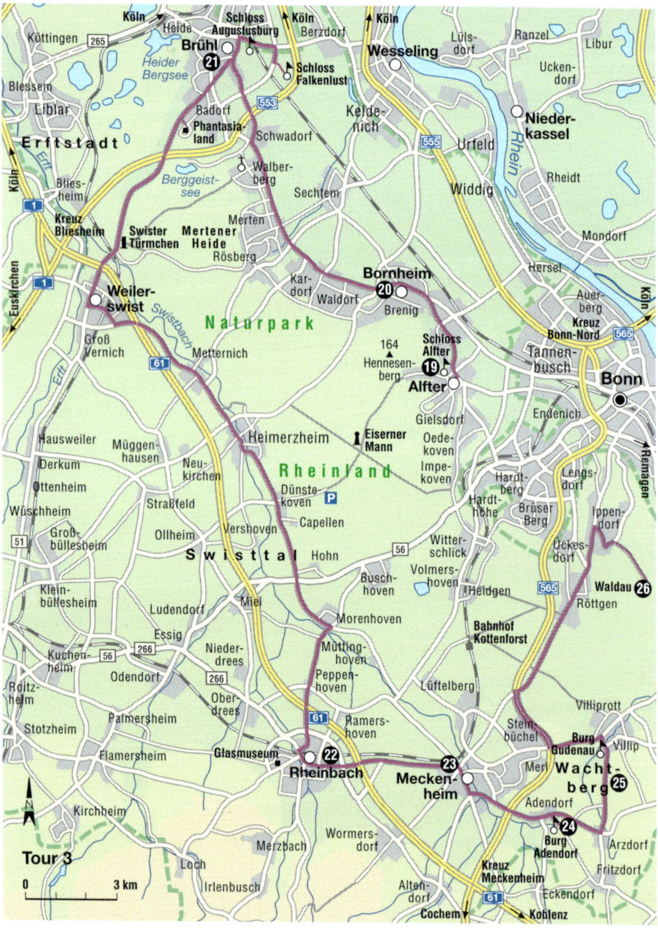

ausgestattet als die im Schloss Augustusburg, an die Falkenjagd erinnern insbesondere die Aussichtsplattform auf dem Dach und die originalgetreue Falknerstube.

***Max Ernst Museum**
Max Ernst (1891–1976) war einer der großen Künstler des 20. Jhs. Er spielte bei der Entstehung des Dadaismus und der surrealistischen Kunst eine tragende Rolle. In seiner Geburtsstadt Brühl (44 000 Einw.) hat nun das Max Ernst Museum seine Türen geöffnet und präsentiert eine unvergleichliche Sammlung von hochkarätigen Gemälden, Grafiken und Skulpturen (www.maxernstmuseum.de, Di–So 11 bis 18 Uhr, 1. Do im Monat bis 21 Uhr).

Steuermuseum
Das Steuermuseum in der Bundesfinanzakademie zeigt einen umfassenden Abriss der Geschichte der Steuern und Zölle. Beginnend mit den ersten Steuern vor der Zeitenwende über das Steuerwesen der Römer, Germanen und des Mittelalters wird der Weg zum Steuersystem der Moderne aufgezeigt. Wie beliebt das Steuerwesen in vergangenen Zeiten war, kann der Besucher in der Sammlung englischer und deutscher Karikaturen aus dem 18.–20. Jh. sehen (Willy-Brandt-Str. 10, Tel. 0 22 32/92 41 51 03, Mo bis Do 8.30 bis 16, Fr 8.30–14.30 Uhr).

brühl-info, Uhlstr. 1, 50321 Brühl, Tel. 0 22 32/7 93 45, Mo–Fr 9–19, Mai–Okt. Sa 9–16, So 13–17, Nov.–April Sa 9–13 Uhr.

Hotel PhantAsia, Tel. 0 22 32/3 62 00, www.hotelphantasia.de. Nach chinesischem Vorbild eingerichtetes Wohlfühlhotel mit Liebe zum Detail, Wellnessbereich und ruhiger Gartenanlage. ❍❍

Brauhaus am Schloss, Max Ernst Allee 2, Tel. 0 22 32/99 33 14, www.brauhausamschloss.de. Gemütliches Brauhaus im alten Bahnhof mit Blick auf Schloss Augustusburg. Von ländlich-deftiger Küche bis hin zu internationalen Spezialitäten. ❍❍

▮ Der **Kaiserbahnhof** in Brühl-Kierberg, Kierberger Str. 158, Tel. 0 22 32/2 55 81, in dem hübschen Gründerzeitbau bewirtschaftet im Sommer einen beliebten Biergarten. ❍❍

3 Karte Seite 94

Heider Bergsee

Er ist einer der etwa 40 Seen, die nach dem Braunkohleabbau im Rahmen der Rekultivierung ab 1920 zwischen Hürth, Brühl, Erftstadt und Bornheim entstanden sind. In den Wäldern aus Buchen, Roteichen, Kiefern und Lärchen finden Wanderer, Radler und Wassersportler vielfältige Erholungsmöglichkeiten.

Kinder werden begeistert sein: Der Freizeitpark **Phantasialand,** als Deutschlands bester Freizeitpark prämiert, bietet auf 280 000 m² Abenteuerlandschaften, Wildwasserabfahrten, Geisterzüge, Shows etc. Die Attraktionen sind überwiegend besonderen Themen zugeordnet, wie z. B. Chinatown oder Silver-City Westernstadt. Der jüngste Themenbereich wurde erst 2006 eröffnet und entführt die Besucher ins tiefste Afrika (www.phantasialand.de, April–Okt. 9 bis 18 Uhr).

Durch den Kottenforst nach Rheinbach

Bis 2005 hieß er »Naturpark Kottenforst-Ville«, heute schlicht »Naturpark

Rheinland«. Der Park umfasst weite Teile der linksrheinischen Landschaft zwischen Köln und Bonn. Seinen ursprünglichen Namen hatte er vom Villerücken, der parallel zum Rhein verläuft, und vom großen Waldgebiet Kottenforst, einem bevorzugten Jagdgebiet von Kurfürst Clemens August.

Über **Weilerswist** geht die Fahrt nach Rheinbach.

3
Karte Seite 94

Rheinbach ㉒

Eine **mittelalterliche Stadtbefestigung** mit drei gut erhaltenen Wehrtürmen aus dem 17. Jh. umgibt die historische Altstadt von Rheinbach (26 000 Einw.) mit ihrer Burgruine. Neben dem **Hexenturm** kann man im Himmeroder Hof (Himmeroder Wall 6) neben dem **Haus der Natur** (www.naturpark-rheinland.de, Di–Fr 10 bis 12, 14–17, Sa, So 11–17 Uhr) das **Glasmuseum** mit seinen mundgeblasenen Kunstwerken, zeitgenössischen Glasexperimenten, Jugendstil, Art Déco und der Spezialsammlung für nordböhmisches Hohlglas besichtigen (Di bis Fr 10–12, 14–17, Sa, So 11–17 Uhr).

Licht- und Schattenspiele im Kottenforst

Meckenheim ㉓

Sehenswert ist in dem Städtchen Meckenheim (26 000 Einw.) die **Wasserburg Lüftelberg** mit dem zweiflü-

Der Eiserne Mann

Er ist Gegenstand vieler Sagen und Bräuche: der 1,3 m hohe Eisenpfahl im Kottenforst. Wenn früher die Glocken der Schillingskapelle um Mitternacht läuteten, soll er sich dreimal um die eigene Achse gedreht haben. An anderer Stelle heißt es: Ein Mädchen, das um Mitternacht dreimal um ihn herum geht und ihn küsst, kann darauf vertrauen, einen guten Mann zu bekommen. Angeblich ist seine Oberkante deshalb so blank! Umstritten ist die Herkunft des Pfahls. Es könnte sich um das Denkmal für einen General namens »Eisenmann« aus dem 30-jährigen Krieg handeln. Vielleicht aber auch um einen »Grenzgott«, also ein magisches Zeichen zur Markierung und zum Schutz von durch den Wald verlaufenden Ortsgrenzen. Fakt ist, dass der Eiserne Mann aus dem Spätmittelalter stammt. Er wurde vor 1625 als Grenzstein gesetzt und vermutlich 1727 als Vermessungspunkt bei der Umgestaltung des Kottenforstes für kurfürstliche Jagdzwecke an die heutige Stelle gebracht.

geligen barocken Herrenhaus von 1730, die aber leider nur von außen zu besichtigen ist. Die **Obere Mühle** war bereits 1413 Bannmühle des Bonner Cassius Stiftes. Hier – und nirgendwo anders – mussten die Untertanen ihr gesamtes Getreide mahlen lassen. Folgten sie der Weisung nicht, hatten sie mit Strafe zu rechnen. Bis 1972 war die Mühle in Betrieb. Mittlerweile ist die Mühlentechnik restauriert worden und sehr sehenswert (2. Sa im Monat 15–17 Uhr und nach Vereinbarung, Tel. 0 22 25/ 94 74 09).

Der **Obsthof Brauweiler** verkauft naturtrüben Apfelsaft, Liköre und prämierte Edelobstbrände (Meckenheim-Altendorf, Krötenpfuhl 8, Tel. 0 22 25/73 85, www.brennerei-brauweiler.de, Mo–Fr 14–18.30, Sa 9 bis 16 Uhr).

Burg Adendorf ㉔

Die Burg entstand vermutlich im frühen 14. Jh. Die Vorburg ist durch einen breiten Wassergraben von der Hauptburg getrennt. Im quadratischen Innenhof kann man an der Struktur der Renaissance-Fassaden erkennen, dass es einen Vorgängerbau aus Fachwerk gab.

Im 18. Jh. zogen die »Kannebäcker« (Töpfer) aus dem Westerwald nach **Adendorf.** Hier gab es genügend Brennholz und guten Ton, die Städte Bonn und Köln boten gute Absatzchancen, und der Herr der Burg Adendorf versprach Salze für die Herstellung von Salzglasuren. Adendorf ist seither ein Töpferdorf, in dem die Tradition des Töpferns von Generation zu Generation weitergegeben wird.

Restaurant Kräutergarten, Töpferstr. 30, Tel. 0 22 25/ 75 78, Edelrestaurant und Gourmettreff. Probieren Sie doch Lammrücken in Meerrettichkruste. ❍❍❍

Wachtberg ㉕

Obwohl der Drachenfels auf der rechten Rheinseite liegt, breitet sich das Drachenfelser Ländchen linksrheinisch aus. Die früheren Herren des Drachenfels dehnten ihren Herrschaftsbereich auf das heutige Wachtberg aus und machten die Wasserburg **Burg Gudenau** zu ihrem neuen Zuhause. Im frühen 13. Jh. entstanden, erhielt die Burganlage im 17./18. Jh. ihr heutiges Aussehen. Besonders schön ist der nach italienischen Vorbildern in drei Terrassen angelegte Schlossgarten, der einzige private Barockgarten des Rheinlands.

Bonn-Waldau ㉖

Das **Naherholungsgebiet Waldau** auf dem Venusberg mit seinen vielen Rad- und Wanderwegen ist ein beliebtes Ausflugsziel für Familien. Im Wildfreigehege können Rotwild, Damwild und Wildschweine beobachtet werden. Der große Spielplatz allein ist für viele Kinder schon Grund genug, auf einen Ausflug in die Waldau zu drängen. Dem Restaurant Waldau angeschlossen ist das Museum **Haus der Natur,** ein Waldinformationszentrum, das über die verschiedenen Baumarten informiert und einen nach alter Tradition angelegten Bauerngarten besitzt.

Waldau, An der Waldau 50, Tel. 02 28/28 18 84, www.waldau.de. Das Buffet ist stets gefüllt mit Kuchen, Torten und Teilchen, die Zitronenrollen und Nougatringe sind unwiderstehlich! (Mo Ruhetag) ❍❍

3 Karte Seite 94

Tour 4

Im Siegtal

Schwarzrheindorf → Siegburg → *Stadt Blankenberg → Eitorf → Windeck

Eine abwechslungsreiche Flusslandschaft, imposante Burgen, Museen, Gotteshäuser und zahlreiche Naturerlebnisse erwarten Ausflügler bei einer Landpartie durchs Siegtal. Dabei muss man keineswegs mit dem Auto fahren, alle Orte sind durch die Siegtalbahn miteinander verbunden. Wer seine eigene Muskelkraft einsetzen will, paddelt auf der Sieg, radelt auf einem der Wege am Flußufer entlang oder genießt eine Wanderung durch die Auen und über die Höhen des malerischen Tals.

4 Karte Seite 100

Pauschalangebot **Wandern im Siegtal** (5-Tages-Tour) unter ortskundiger Führung, mit Gepäcktransfer, Übernachtungen, Abendessen etc. Ausführliche Infos unter www.gemeinde-windeck.de.

Schwarzrheindorf 27

Die historische ***Doppelkirche** in Schwarzrheindorf ist eine architektonische Rarität. Der sorgfältig geplante Kirchenbau wurde 1151 vom Kölner Erzbischof und Kurfürsten Arnold von Wied geweiht. Durch das Oktogon, die achteckige Öffnung zwischen Ober- und Unterkirche, entsteht ein Raum, der symbolisch über sich selbst hinausweist. Die übereinander liegenden Räume haben jeweils eigene Altäre, aus der Oberkirche ist ein Blick auf den Altar der Unterkirche möglich. Die

Architektonische Rarität: Doppelkirche

Unterkirche mit dem Zyklus romanischer Wandmalereien zum Alten Testament war anfangs für die Gemeinde bestimmt, die Oberkirche der gräflichen Familie von Wied vorbehalten. In der oberen Etage mit Taufbecken, Orgel und Chor gelangt man zu einem Säulengang mit Blick auf das Bonner Regierungsviertel. Der Hof vor der Doppelkirche ist eine Idylle: Der

Fließendes Wasser

Der Name »Sieg« hat nichts mit Triumph oder Gewinn zu tun. Im Keltischen, Althochdeutschen und Mittelhochdeutschen hatten die Begriffe »sigan« oder »sigen« die heutige Bedeutung von »fallen« oder »fließen«, so wie wir im Neuhochdeutschen »versiegen« sagen, wenn etwas eben nicht mehr fließt. Der Flussname heißt also nichts weiter als »fließendes Wasser« oder »Fluss«!

Die Unterkirche fürs einfache Volk

Marienbrunnen plätschert, Tauben brüten gurrend in den Dachsparren, Rosen ranken an den Mauern (Unterkirche Di–Fr 9–18, Sa, So 11–18 Uhr, Oberkirche nur Sa und So).

Der **Friedhof** in Schwarzrheindorf stammt aus dem Jahr 1623 und ist einer der größten jüdischen Friedhöfe im Rheinland. Er ist Begräbnisplatz für die Bonner Juden.

Troisdorf ㉘

Die größte Stadt des Rhein-Sieg-Kreises mit 74 000 Einwohnern liegt an der Siegmündung. Hier lohnt ein Besuch der **Burg Wissem** mit ihrem Bilderbuchmuseum. Originale Kinderbuch-Illustrationen und illustrierte Bücher sind Sammlungsschwerpunkt. Ein besonderes Kleinod ist die Dauerleihgabe von Originalzeichnungen des Kinderbuchautors Janosch. Im Burgturm wurde eine gemütliche Lesestube für kleine Bilderbuchfans eingerichtet (Burg Wissem, Burgallee 1, Troisdorf, Tel. 0 22 41/88 41 11, Di–So 11–17 Uhr, www.bilderbuchmuseum.de). An die Burg schließt sich ein Park mit Abenteuerspielplatz, Wildgehege und Sinnesparcours an.

Siegburg ㉙

Die Kreisstadt des Rhein-Sieg-Kreises ist eine beliebtes Einkaufszentrum (42 000 Einw.). Im Geburtshaus des Komponisten Engelbert Humperdinck (»Ein Männlein steht im Walde«) wurde das **Stadtmuseum** eingerichtet. Eine moderne Ausstellung zeigt die Geschichte Siegburgs, besonders die Keramiksammlung aus Mittelalter und Renaissance sowie die Fossiliensammlungen sind sehenswert. In den urigen Gewölben des Kellergeschosses wird das mittelalterliche Siegburg fast körperlich spürbar (Markt 46, Tel. 0 22 41/5 57 33, Di–Sa 10–17, So 10–18 Uhr).

Ein weiterer Anziehungspunkt ist die **Abtei Michaelsberg** hoch über der Stadt. Sie wurde 1064 durch Erzbischof Anno von Köln gegründet. Das Benediktinerkloster ist bekannt für den Siegburger Abtei-Likör (Turmbesteigung Mo–Sa 9–12, 14.30 bis 16.30, So, Fei 15.30–16.30 Uhr).

4 Karte Seite 100

i **Tourist Information,** Europaplatz 3, Siegburg, Tel. 0 22 41/9 69 85 33, www.siegburg.de, Mo–Fr 8.30–18, Sa 10–15 Uhr.

Klosterhof Seligenthal, Zum Klosterhof 1, Tel. 0 22 42/87 47 87, www.klosterhof-seligenthal.de. Ruhig gelegenes Hotel in den altehrwürdigen Mauern eines Franziskanerklosters. ○○○

▮ **Siegblick,** Nachtigallenweg 1, Tel. 0 22 41/1 27 33, www.siegblick.de. Mittelklassehotel zum Wohlfühlen mit Blick auf das Siegtal und Blankenberg. ○○

Siegtal pur: Am 1. So im Juli gehört die Siegtalstraße von Siegburg bis Kirchen zwischen 8 und 18 Uhr den Radlern und Skatern.

*Stadt Blankenberg ㉚

Über **Hennef** ist in Kürze Stadt Blankenberg erreicht. Es gehört politisch zwar zu Hennef, da es jedoch von 1245–1805 eigene Stadtrechte besaß, darf Blankenberg als Titularstadt weiterhin den Zusatz »Stadt« tragen. Hier fühlt man sich zurück ins Mittelalter versetzt. Hoch über der Sieg thront die Burganlage auf einem Felssporn. Burg, Vorburg und die wehrhafte Stadtmauer aus dem 13. Jahrhundert sind weitgehend erhalten. Innerhalb der Umwehrung mit ihren mächtigen Tortürmen gibt es bezaubernde Fachwerkbauten zu entdecken. Das Turmmuseum im Katharinentorturm zeigt eine kleine heimatkundliche Sammlung (So 15–17 Uhr), im Sommer finden Führungen durch Blankenberg statt, äußerst beliebt ist die Nachtwächterführung (April bis Okt. 1. So 14 Uhr, Treffpunkt Wandertafel am Katharinentorturm).

Zum Alten Turm, Katharinastr. 6, Tel. 0 22 48/ 21 02, www.zumaltenturm.de. Direkt am Stadttor: köstliche Bergische Waffeln, hausgemachter Kuchen und regionale Gerichte wie Sauerbraten und Tafelspitz. ❍❍

Eitorf ㉛

Nach wenigen Kilometern hat man Eitorf erreicht, bekannt für sein alle zwei Jahre stattfindendes großes Heißluftballon-Treffen. Höhepunkt ist dann jeweils das »Ballonglühen«, bei dem Dutzende von Ballons gleichzeitig befeuert werden und traumhaft im Dunklen leuchten. Im Ortszentrum von Eitorf und dennoch versteckt liegt das **Skulpturental** (Eintritt frei) mit Werken des international bekannten italienischen Malers und Bildhauers **Giovanni Vetere** (geb. 1940). Die in strengem Reliefstil aus Holz, Stein oder Metall gearbeiteten Skulpturen scheinen den Blickkontakt mit dem Betrachter zu suchen. Meist ist nur der Kopf gut herausgearbeitet, während der Körper als Block oder Säule erscheint. In der benachbarten Alten Zigarrenfabrik, einem denkmalgeschützten Gebäude aus der Gründerzeit (Schümerichstr. 1, Di–Fr 14–19, Sa 10–14 Uhr), befinden sich **Veteres Atelier** und die **Galerie Incontro.**

Über Jahrhunderte war **Schloss Merten** Teil eines Klosters der Augustinerinnen, zu dem auch die Klosterkirche **St. Agnes** gehörte. Die romanische Basilika stammt, wie auch das Schloss, aus dem späten 12. Jahrhun-

4
Karte Seite 101

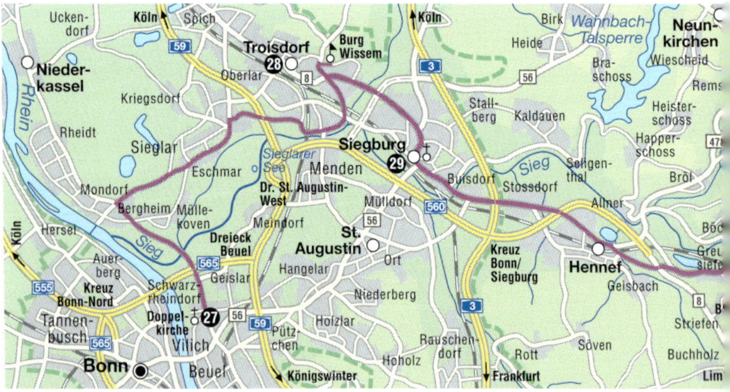

dert. Beide Gebäude sind nur von außen zu besichtigen.

Tourist Information, Markt 1, 53783 Eitorf, Tel. 0 22 43/ 1 94 33, www.eitorf.de.

Landhotel Steffens, Tel. 0 22 43/9 19 40, www.hotel-restaurant-steffens.de. Alter Fachwerkgasthof im Ottersbacher Tal mit Wellness-Angeboten wie Sauna, Massagen und Reiki-Behandlungen. ❍❍

Durchs Windecker Ländchen

Windeck ㉜ ist Namensgeber für das Windecker Ländchen. Hier windet sich der Flusslauf der Sieg am schönsten durchs Tal. Bei **Schladern** entstand beim Eisenbahnbau 1858 ein beeindruckender Wasserfall mit insgesamt 4 m Falltiefe und 84 m Breite. Ein malerisches Ausflugsziel ist die **Burgruine Windeck,** die bereits 1174 erstmals erwähnt wurde. Nach ihrer Zerstörung im 30-jährigen Krieg wurde sie nicht wieder aufgebaut.

Die ehemalige Schule in Altwindeck ist seit 1974 **Heimatmuseum,** in dem Fundstücke aus der Burg und Gebrauchsgegenstände der einfachen Leute ausgestellt sind (Im Thal Windeck, Altwindeck, Tel. 0 22 92/38 88 oder 4 01 50, April–Nov. Sa 14–18, So, Fei 10–12 Uhr, Feb., März So, Fei 14 bis 18 Uhr).

In die Unterwelt der Grube Silberhardt

Verkehrsverein Windecker Ländchen, Rathausstr. 12, Windeck-Rosbach, Tel. 0 22 92/1 94 33, www.windeck-online.de.

Wer Interesse am Bergbau der Region hat, fährt nach **Rosbach** ㉝ und von dort weiter die K1 bis zum Öttershagener Sportplatz. Dort ist ein Bergwerkslehrpfad der Grube Silberhardt eingerichtet.

4 Karte Seite 101

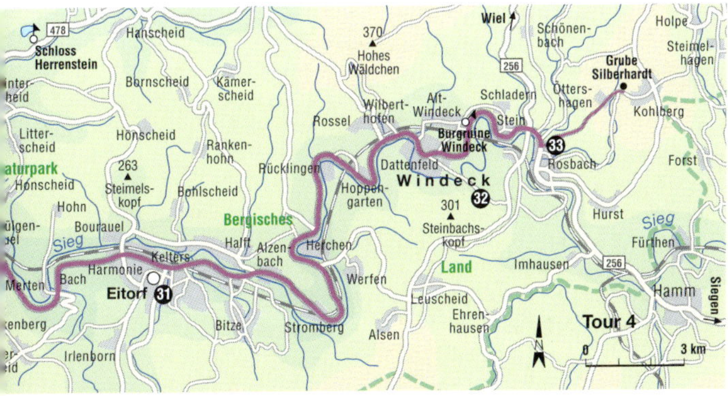

Infos von A–Z

Ärztliche Versorgung

- **Bereitschaftsdienst:** Tel. 1 92 92
- **Krankentransport:** Tel. 65 22 11
- **Apotheken-Bereitschaftsdienst:** Tel. 0 11 89

Banken

Banken und Sparkassen sind meist Mo–Fr von 9–12.30 und von 14–16, Fr bis 15.30 Uhr geöffnet. Außerhalb der Öffnungszeiten stehen für Barabhebungen überall Geldautomaten zur Verfügung.

Behinderte

Für Menschen mit Behinderung hält die Bonn Information einen Tourismusführer bereit, der Tipps für Anreise, Unterkünfte, Gastronomie, Sehenswürdigkeiten und Behindertentoiletten enthält. Er kann unter Tel. 77 50 00, Fax 77 50 77 oder per E-Mail unter bonninformation@bonn.de angefordert werden. Unter www.bonn-region.de ist er als pdf-Datei zu finden.

BonnCard

Achtung, Verwechslungsgefahr mit der Bonn Region WelcomeCard (s. S. 37)! Die BonnCard ist eine Rabattkarte der Bonner Einzelhändler, mit der man in über 60 Geschäften einkaufen und Bonuspunkte sammeln kann. Infos unter www.bonncard.de.

Fundbüros

- **Fundbüro der Stadt Bonn,** Stadthaus, Tel. 77 25 92, Fax 77 44 72, fundbuero@bonn.de, Onlineformular auf www.bonn.de. Öffnungszeiten: Mo, Do 8–16, Di, Mi, Fr 8–13 Uhr.
- **Fundbüro von SWB Bus und Bahn,** ServiceCenter B, U-Bahn-Haltepunkt Hauptbahnhof, Onlineformular auf www.swb.bonn.de. Öffnungszeiten: Mo–Mi 8–12, 13–16.30, Do 8–12, 13–18, Fr 8–13 Uhr. Für vermisste Gegenstände aus Bussen und Bahnen der SWB und VRS.
- **Fundservice der Deutschen Bahn AG:** Es gibt kein Fundbüro im Bahnhof mehr, Fundsachen werden zentral in Wuppertal verwaltet, Vordrucke für Nachforschungsaufträge sind im Bahnhof oder als Download auf www.bahn.de erhältlich.
- **Tierheim Albert Schweitzer,** Lambareneweg 2, Tel. 63 69 95. Entlaufene Tiere werden hier betreut.

Hallenbäder

Infos unter www.bonn.de (unter »Bonner Bäder«)

- **Frankenbad,** Adolfstr. 45, Tel. 77 24 62, Mo Ruhetag.
- **Viktoriabad,** Franziskanerstr. 9, Tel. 77 24 58, So und Fei geschl.
- **Kurfürstenbad,** Bad Godesberg, Kurfürstenallee 7a, Tel. 35 39 86, Mo Ruhetag.
- **Hallenbad Beuel,** Beuel, Goetheallee 29–36, Tel. 46 22 53, Mo Ruhetag.
- **Schwimmhalle Hardtbergbad,** Duisdorf, In der Dehlen 6, Tel. 62 62 18, Mo Ruhetag.

Information

Tourist-Informationen, Zimmervermittlung, Stadtrundfahrten, Tickets etc. bei der:

- **Bonn Information,** Windeckstr. 1 (am Münsterplatz), 53103 Bonn, Tel. 1 94 33 und 77 50 00, Fax 77 50 77, www.bonn.de. Öffnungszeiten Mo–Fr 9–18.30, Sa 9–16, So, Fei 10–14 Uhr. Auskünfte auch zu den Regionen Rhein-Sieg und Ahrtal:
- **Tourismus & Congress GmbH,** Adenauerallee 131 (am Museum Koenig), 53113 Bonn, Tel. 91 04 10, Fax 9 10 41 11, www.bonn-region.de.

Medien

Die größte Bonner Tageszeitung ist der **General-Anzeiger.** Der **Kölner Stadt-Anzeiger** und die Kölnische Rundschau, hier **Bonner Rundschau** genannt, und das Boulevardblatt **Express** erscheinen in Lokalausgaben. Die christlich orientierte Wochenzeitung **Rheinischer Merkur** hat ihren Sitz in Bonn. Das Stadtmagazin **Die Schnüss** heißt wörtlich übersetzt »Die Schnauze« und bietet Monat für Monat Berichte, Reportagen und Meldungen aus dem Bonner Stadtleben sowie einen umfassenden Veranstaltungskalender (1,90 €). **Radio Bonn/ Rhein-Sieg** ist ein beliebter Lokalradiosender, **Radio 96,8** ein studentischer Radiosender. Der **WDR** betreibt in Bonn für Hörfunk und Fernsehen ein Bundesstudio und ein Regionalbüro, der Fernsehsender **Phoenix** sendet aus dem ehemaligen Hauptstadtstudio des ZDF. Im Schürmann-Bau hat die **Deutsche Welle** ihre Zentrale. Der benachbarte Gebäudekomplex Tulpenfeld im Regierungsviertel ist Standort der Bundespressekonferenz und einer Außenstelle der **Deutschen Presse-Agentur.**

Notruf

- **Notarzt/Feuerwehr:** Tel. 112
- **Polizei:** Tel. 110
- **Giftnotrufzentrale:** Tel. 2 87 32 11

Pannenhilfe

- **ACE**-Euro-Notruf:
Tel. 0 18 02/35 35 36
- **ADAC**-Notrufzentrale:
Tel. 0 18 02/22 22 22
- **AvD**-Notrufzentrale:
Tel. 08 00/9 90 99 09

Post

Günstig gelegene Postfilialen:

- **Münsterplatz 17** (Innenstadt, Weg 1)
- **Am Johanneskreuz** (Altstadt, Weg 3)
- **Dorotheenstr.** (Altstadt, Weg 3)
- **Kreuzstr. 22** (Beuel, Weg 6)
- **Koblenzer Straße 67** (Bad Godesberg, Weg 8)

Taxi

- **Standplätze Innenstadt:** vor und hinter dem Hauptbahnhof, Stadthaus, Post Tower, Kunsthalle, Bertha-von-Suttner-Platz und Friedensplatz.
- **Standplätze Bad Godesberg:** Bahnhof, Stadthalle und Theater.
- **Standplätze Beuel:** Bahnhof und Konrad-Adenauer-Platz.
- **Zentraler Taxiruf:** Bonner Funk-TAXI-Zentrale, Tel. 55 55 55 und 1 94 10.

Telefon / Vorwahl

Bonn hat die Vorwahl 02 28. Sie gilt für alle Telefon- und Faxnummern, sofern keine andere Vorwahl angegeben ist.

Veranstaltungshinweise

- **bonnJOUR** Veranstaltungsmagazin für die Stadt Bonn mit Tourismus-Tipps, Veranstaltungskalender und vielen nützlichen Adressen. Erscheint monatlich, 1 €.
- **Live!** Kostenloses Kulturmagazin für Köln, Bonn und Umgebung mit Schwerpunkt beim Nachtleben. Erscheint monatlich.

Wohnmobilstellplätze

- **Wohnmobilstellplatz Auerberg,** An der Josefshöhe, Tel. 9 09 36 11, Straßenbahn 61 und 65, Haltestelle An der Josefshöhe. Gebührenfreie Stellplätze für zehn Wohnmobile.
- **Wohnmobilstellplatz Regierungsviertel,** Baunscheidtstr. 17, Tel. 77 50 00, U-Bahn 16, 63, 66, 67 und 68, Haltestelle Heussallee/ Museumsmeile. Stellplätze für zehn Wohnmobile oder Gespanne, private Toilettenanlage mit Dusche.

Sachregister

Personenregister

Bildnachweis

Alle Bilder Dirk Winter außer Deutsches Museum / Hans-Joachim Becker: 7; Foto: AG Bad Neuenahr: 10; Foto: AG Bad Neuenahr / hpm mayer, simmern: 11; laif/Zanettini: 29; Hans-Peter Merten: 44, 92; Presseamt der Stadt Bonn / Michael Sondermann: 98, 99; Ingrid Retterath: 23, 57, 71; Ringhotel Rheinhotel Dreesen: 28; Ernst Wrba: 2, 5, 8, 13, 19, 25, 26, 30, 41, 43, 47, 59, 61, 73, 79, 84, 88, 89, 90, 91, Umschlagrückseite unten;
Titelbild: Bildagentur Huber / R. Schmid

Das System der POLYGLOTT-Sterne

Auf Ihrer Tour weisen Ihnen die Polyglott-Sterne den Weg zu den bedeutendsten Sehenswürdigkeiten aus Natur und Kultur. Für die Vergabe orientieren sich Autoren und Redaktion am UNESCO Welterbe.

***** eine Reise wert** **** einen Umweg wert** *** sehr sehenswert**

Die Autorin

Ingrid Retterath

ist Rheinländerin und kennt Bonn aus Studienzeiten. Die Juristin verfasst nebenberuflich auch Wander- und Reiseführer zu europäischen und nordafrikanischen Zielen. Die Recherchen und Wandertouren in ihrer Heimat bergen immer noch einen besonderen Reiz für sie.

Urlaubskasse

Tasse Kaffee	2 €
Softdrink (Cola, Limo, Wasser)	1,80 €
Glas Bier (0,2 l)	1,50 bis 2 €
Currywurst mit Fritten	4,20 €
Eisbecher	4 bis 5 €
Taxifahrt (10 km)	13 €
Mietwagen/Tag	ab 55 €
1 l Superbenzin	1,20 €

www.polyglott.de

travelchannel.de

Polyglott im Internet: www.polyglott.de,
im travelchannel unter www.travelchannel.de

Alle Informationen stammen aus zuverlässigen Quellen und wurden sorgfältig geprüft. Für ihre Vollständigkeit und Richtigkeit können wir jedoch keine Haftung übernehmen.
Ergänzende Anregungen bitten wir zu richten an:
Polyglott Verlag, Redaktion, Postfach 40 11 20, 80711 München.
E-Mail: redaktion@polyglott.de

Impressum

Herausgeber: Polyglott-Redaktion
Autorin: Ingrid Retterath
Lektorat: Gudrun Raether-Klünker
Layout: Ute Weber, Geretsried
Titelkonzept-Design: Studio Schübel Werbeagentur GmbH, München
Satz Special: Carmen Marchwinski, München
Karten und Pläne: Sybille Rachfall
Satz: Schulz Bild + Text, Dagebüll

Erste Auflage 2007/2008
© 2007 by Polyglott Verlag GmbH, München
Printed in Germany
Dieses Buch wurde auf chlorfrei gebleichtem Papier gedruckt.
ISBN 978-3-493-56615-4

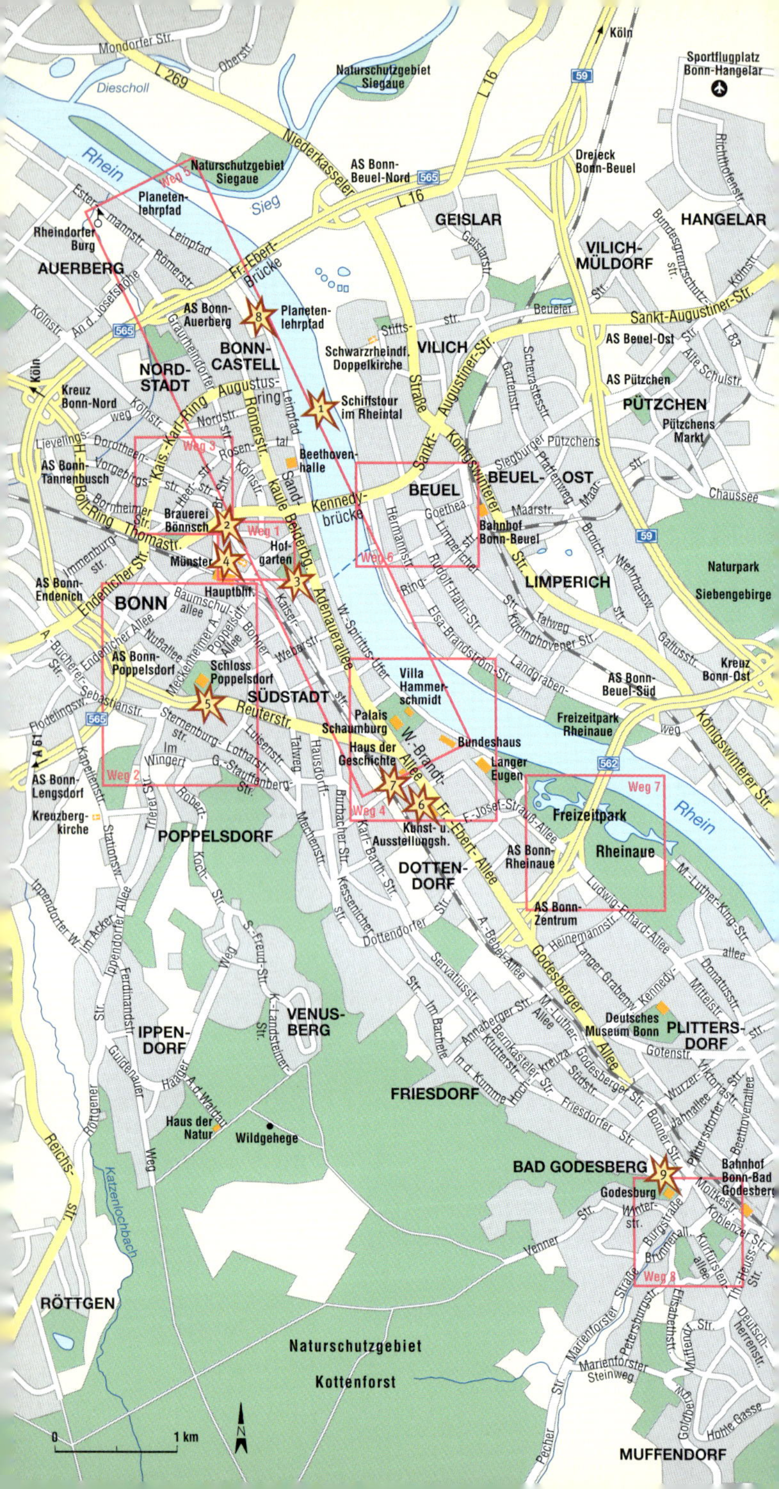
Köln
Sportflugplatz Bonn-Hangelar
Naturschutzgebiet Siegaue
Diescholl
Rhein
Sieg
Weg 5
Planeten-lehrpfad
Rheindorfer Burg
AUERBERG
AS Bonn-Beuel-Nord
GEISLAR
HANGELAR
VILICH-MÜLDORF
Dreieck Bonn-Beuel
AS Bonn-Auerberg
Planeten-lehrpfad
BONN-CASTELL
NORD-STADT
Schwarzrheindf. Doppelkirche
VILICH
AS Beuel-Ost
AS Pützchen
PÜTZCHEN
Pützchens Markt
Kreuz Bonn-Nord
Schiffstour im Rheintal
Weg 3
Beethoven-halle
AS Bonn-Tannenbusch
BEUEL
BEUEL-OST
Brauerei Bönnsch
Weg 1
Münster
Hof-garten
Hauptbhf.
Bahnhof Bonn-Beuel
Weg 6
LIMPERICH
Naturpark Siebengebirge
AS Bonn-Endenich
BONN
AS Bonn-Poppelsdorf
Schloss Poppelsdorf
SÜDSTADT
Villa Hammer-schmidt
Palais Schaumburg
Haus der Geschichte
Bundeshaus
Langer Eugen
AS Bonn-Beuel-Süd
Kreuz Bonn-Ost
Freizeitpark Rheinaue
Weg 2
Weg 4
Weg 7
AS Bonn-Lengsdorf
Kreuzberg-kirche
POPPELSDORF
Kunst- u. Ausstellungsh.
DOTTEN-DORF
AS Bonn-Rheinaue
Freizeitpark Rheinaue
AS Bonn-Zentrum
IPPEN-DORF
VENUS-BERG
FRIESDORF
Deutsches Museum Bonn
PLITTERS-DORF
Haus der Natur
Wildgehege
BAD GODESBERG
Godesburg
Bahnhof Bonn-Bad Godesberg
Weg 8
RÖTTGEN
Naturschutzgebiet Kottenforst
MUFFENDORF
0
1 km
N